FRAUKE BROSIUS-GERSDORF

Internationale Schulen in Bayern

Schriften zum Öffentlichen Recht

Band 1447

Internationale Schulen in Bayern

Schulstatus sowie Konsequenzen für die Genehmigung und Finanzhilfe

Von

Frauke Brosius-Gersdorf

Duncker & Humblot · Berlin

Bibliografische Information der Deutschen Nationalbibliothek

Die Deutsche Nationalbibliothek verzeichnet diese Publikation in der Deutschen Nationalbibliografie; detaillierte bibliografische Daten sind im Internet über http://dnb.d-nb.de abrufbar.

Satz: 3w+p GmbH, Rimpar
Druck: CPI buchbücher.de gmbh, Birkach
Printed in Germany

ISSN 0582-0200
ISBN 978-3-428-18124-7 (Print)
ISBN 978-3-428-58124-5 (E-Book)

Gedruckt auf alterungsbeständigem (säurefreiem) Papier
entsprechend ISO 9706 ♾

Internet: http://www.duncker-humblot.de

Inhaltsverzeichnis

A. Internationale Schulen in Deutschland: Charakteristika und ungeklärte Verfassungsrechtsfragen

I. Internationale Schulen in Bayern

In der Bundesrepublik Deutschland existieren 23 Internationale Schulen, die in der Arbeitsgemeinschaft Internationaler Schulen in Deutschland / Association of German International Schools (AGIS) organisiert sind. Fünf der Internationalen Schulen haben ihren Sitz im Freistaat Bayern:

- *Munich International School e.V. (MIS)*, gegründet 1966 (im Jahr 2020 ca. 1.275 SchülerInnen, davon 60 im Bereich Kindergarten / Vorschule)
- *Bavarian International School gAG (BIS)*, gegründet 1991 (im Jahr 2020 ca. 1.136 SchülerInnen, davon 97 im Bereich Kindergarten / Vorschule)
- *Franconian International School e.V. (FIS)*, gegründet 1998 (im Jahr 2020 ca. 719 SchülerInnen, davon 76 im Bereich Kindergarten / Vorschule)
- *International School Augsburg gAG (ISA)*, gegründet 2005 (im Jahr 2020 ca. 346 SchülerInnen, davon 19 im Bereich Kindergarten / Vorschule)
- *International School of Ulm / Neu-Ulm gGmbH (ISU)*, gegründet 2005 (im Jahr 2020 ca. 277 SchülerInnen, davon 31 im Bereich Kindergarten / Vorschule).

Die Internationalen Schulen in Bayern sind gemeinnützige Einrichtungen in privater Trägerschaft mit einem ganzheitlichen Bildungsangebot. Es beginnt mit dem Kindergarten / Vorschule (*Early Childhood*); führt über die Grundschule *(Junior School* bzw. *Primary School)* mit den Jahrgangsstufen 1 bis 4 bzw. 1 bis 5; setzt fort mit der Mittelschule *(Middle School)*, bestehend aus den Jahrgangsstufen 5 bis 9 bzw. 6 bis 8; und endet mit der Oberschule *(Senior School* bzw. *Upper School)*, welche die Jahrgangsstufen 10 bis 12 bzw. 9 bis 12 umfasst. Die SchülerInnen der Internationalen Schulen sind dementsprechend im Alter zwischen 3 und 19 Jahren.

Das Angebot der Internationalen Schulen richtet sich primär an Kinder international mobiler Eltern, die als ausländische Fach- und Führungskräfte für eine begrenzte Zeit nach Deutschland kommen, um hier einer Erwerbstätigkeit nachzugehen. Ergänzend nehmen die Internationalen Schulen Kinder mit dauerhaftem Wohnsitz in Deutschland auf; diese Kinder sind häufig im Ausland aufgewachsen (RückkehrerInnen) und / oder streben einen Studienaufenthalt bzw. eine Berufsausübung außerhalb Deutschlands an.[1] Von den insgesamt ca. 3.753 SchülerInnen aus bis zu 65 Nationen, die derzeit an den Internationalen Schulen in Bayern unterrichtet werden, haben bei der Munich International School aktuell 71 % eine nicht deutsche Staatsangehörigkeit sowie eine nicht deutsche Muttersprache und leben voraussichtlich nur für eine gewisse Zeit in Deutschland; 29 % sind deutsche SchülerInnen. Die Verbleibedauer der internationalen Familien („Expats") liegt durchschnittlich bei ca. 3 bis 4 Jahren. Bei der Bavarian International School sind 73 % nicht deutsche SchülerInnen und 27 % deutsche SchülerInnen registriert. Die Franconian International School besuchen 69 % nicht deutsche SchülerInnen und 31 % deutsche SchülerInnen. Jüngere Internationale Schulen haben für gewöhnlich einen höheren Anteil an deutschen Schülern / Schülerinnen: Bei der International School Augsburg sind 45 % nicht deutsche SchülerInnen und 55 % deutsche SchülerInnen; die International School of Ulm / Neu-Ulm besuchen 55 % nicht deutsche SchülerInnen und 45 % deutsche SchülerInnen.

Die Internationalen Schulen sind durch international anerkannte unabhängige Fachorganisationen wie die International Baccalaureate Organization (IBO), den Council of International Schools (CIS), die New England Association of Schools and Colleges (NEASC) sowie die Middle States Association (MSA) akkreditiert. Die Internationalen Schulen werden regelmäßig in Bezug auf ihre Schulqualität und Schulprozesse extern evaluiert und führen zu weltweit anerkannten Abschlüssen.[2] Der Unterricht an den Internationalen Schulen basiert auf weltweit standardisierten Lehrplänen (Curricula), damit für Kinder international mobiler Familien jederzeit – auch unterjährig – ein Schulwechsel von einer International Baccalaureate-Schule (IB-Schule) auf eine andere IB-Schule möglich ist. Die Internationalen Schulen sind allgemeinbildend, koedukativ sowie konfessionsunabhängig. Der Unterricht erfolgt grundsätzlich in englischer Sprache; auch die Campussprache ist regelmäßig Englisch.[3] An sämtlichen Internationalen Schulen in Bayern wird zugleich verpflichtender Deutschunterricht erteilt: in den Grundschulen (Junior School bzw. Primary School) sind es durchschnittlich 5 Wochenstunden; in den Mittelschulen (Middle School) sind es im Durchschnitt 4 bis 5 Wochenstunden; in den Oberschulen (Senior School bzw. Upper School) sind es abhängig von der Schwerpunktwahl der SchülerInnen im Mittel 2 bis 7,5 Wochenstunden. Zusätzlich erfolgt eine gezielte Sprachförderung in Deutsch für förderbedürftige SchülerInnen, um die Integration sicherzustellen. Neben Englisch und Deutsch existiert ein umfangreiches Muttersprachenprogramm an den Internationalen Schulen.

---

[1] Zur Zielgruppe der Internationalen Schulen in Deutschland näher *Sterling*, RdJB 2009, 372 (375 f.); *v. d. Hövel*, RdJB 2007, 330; *Vogel*, BuE 44 (1991), 351 (352); *Poscher/Neupert*, RdJB 2005, 244 (248 ff.).

[2] Zu den von den Internationalen Schulen in Deutschland angebotenen Abschlüssen *v. d. Hövel*, RdJB 2007, 330; *Sterling*, RdJB 2009, 372 (376 f.).

[3] Zu den Anteilen der deutschen und der englischen Sprache am Unterricht Internationaler Schulen in Deutschland näher *Sterling*, RdJB 2009, 372 (377).

An der Munich International School werden aktuell 18 Muttersprachen angeboten. Ein vergleichbares Angebot mit Mehrsprachigkeit und international standardisierten IB-Curricula sowie weltweit anerkannten Abschlüssen, welches auf die Bedürfnisse international mobiler Familien zugeschnitten ist, existiert in Bayern weder im staatlichen Schulbereich noch bei anderen freien (z.B. bilingualen) Schulen. Ein solches Unterrichtsangebot ist für die Beschulung international mobiler SchülerInnen mit zeitlich begrenztem Wohnsitz in Deutschland unerlässlich, um einen friktionslosen länderübergreifenden Schulwechsel und damit die internationale Mobilität der SchülerInnen und ihrer Eltern sicherzustellen.

II. Gliederung, Lehrpläne, Abschlüsse

Sämtliche Internationalen Schulen in Bayern sind IB World Schools in freier Trägerschaft. Ihre Binnenorganisation ist teils identisch, teils unterschiedlich. Die Munich International School ist binnenorganisatorisch wie folgt gegliedert:

- *Early Childhood* (zweijähriger Kindergarten / Vorschule)
- *Junior School* mit den Jahrgangsstufen 1 bis 4 (private Grundschule als offene Ganztagsschule)
- *Middle School* mit den Jahrgangsstufen 5 bis 8 (private Mittelschule als gebundene Ganztagsschule)
- *Senior School* mit den Jahrgangsstufen 9 bis 12 (private Oberschule als gebundene Ganztagsschule).

Die Lehrpläne der Munich International School basieren auf folgenden Programmen der IBO:

- *IB Primary Years Programme (PYP)* für Early Childhood (Kindergarten / Vorschule) sowie die Jahrgangsstufen 1 bis 4 (Zulassung der MIS im Jahr 1998)
- *IB Middle Years Programme (MYP)* für die Jahrgangsstufen 5 bis 10 (Zulassung der MIS im Jahr 1998)
- *IB Diploma Programme (DP)* für die Jahrgangsstufen 11 bis 12 (Zulassung der MIS im Jahr 1980).

Entsprechend können an der Munich International School neben dem von der Schule selbst vergebenen High School Diploma (nach Jahrgangsstufe 12) folgende weltweit anerkannte Abschlüsse erworben werden:

- Abschluss des Middle Years Programme (MYP Certificate) nach der Jahrgangsstufe 10 („mittlere Reife“)[4]

[4] Zwei der Internationalen Schulen in Bayern bieten als weiteren mittleren Schulabschluss das International General Certificate of Secondary Education (IGCSE) an.

– International Baccalaureate Diploma (IB Diploma) nach der Jahrgangsstufe 12 („internationales Abitur").

Die Kultusministerkonferenz (KMK) hat durch Beschluss vom 08.12.2011 i. d. F. vom 24.09.2020[5] einen nach den Bestimmungen der IBO an bestimmten Internationalen Schulen in Deutschland erworbenen Abschluss des Middle Years Programme (insbesondere: MYP Certificate) als dem mittleren Schulabschluss in Deutschland gleichwertig anerkannt, wenn er nach mindestens 10 aufsteigenden Jahrgangsstufen an Schulen mit Vollzeitunterricht erworben wird und weitere Bedingungen erfüllt sind.

Durch Beschluss vom 10.03.1986 i. d. F. vom 07.03.2019[6] hat die KMK einen nach den Bestimmungen der IBO erworbenen Abschluss des International Baccalaureate Diploma (IB Diploma) als Hochschulzugangsberechtigung in Deutschland anerkannt, wenn er nach mindestens 12 aufsteigenden Jahrgangsstufen an Schulen mit Vollzeitunterricht erworben wird und weiteren Bedingungen genügt.

Das International Baccalaureate Diploma ist auch in zahlreichen anderen europäischen und nicht europäischen Ländern als Hochschulzugangsberechtigung anerkannt.

Neben dem Unterrichtsangebot auf der Grundlage der IBO-Programme offeriert die Munich International School vielfältige (weitere) Aktivitäten am Nachmittag, deren Inanspruchnahme für die Kinder grundsätzlich fakultativ ist (After School Activities, Athletics und After School Care). Zu diesem Nachmittagsangebot gehören unter anderem Förderprogramme für lernschwächere SchülerInnen, Muttersprachenangebote auf dem Campus sowie außerschulische Kunst-, Musik- und Sportprogramme.

Die Munich International School beschäftigt international ausgebildetes Lehrpersonal mit überwiegend nicht deutscher Muttersprache sowie entsprechendes Verwaltungs- und Betreuungspersonal.[7] In Deutschland ausgebildete Lehrkräfte mit deutscher Muttersprache werden vor allem im Deutschunterricht eingesetzt. Die Einrichtungen und Anlagen der Munich International School[8] umfassen neben Schul- und Verwaltungsgebäuden mit Klassenräumen einen weitläufigen Campus

---

[5] Vereinbarung über die Anerkennung des „Middle Years Programme", Beschluss der Kultusministerkonferenz vom 08.12.2011 i.d.F. vom 24.09.2020 (abrufbar unter: https://www.kmk.org/fileadmin/Dateien/veroeffentlichungen_beschluesse/2011/2011_12_08-MYP.pdf).

[6] Vereinbarung über die Anerkennung des „International Baccalaureate Diploma / Diplôme du Baccalauréat International", Beschluss der Kultusministerkonferenz vom 10.03.1986 i. d. F. vom 07.03.2019 (abrufbar unter: https://www.kmk.org/fileadmin/Dateien/veroeffentlichungen_beschluesse/1986/1986_03_10-Vereinbarung-Baccalaureate-Dipl.pdf).

[7] Zu den Lehrkräften der Internationalen Schulen in Deutschland *Sterling*, RdJB 2009, 372 (375).

[8] Zur räumlichen und sächlichen Ausstattung der Internationalen Schulen in Deutschland s. auch *Sterling*, RdJB 2009, 372 (377 f.).

mit Sporthallen und -plätzen, Hörsälen, Bibliotheken, Laboren, Sprachcentern, Kunst- und Musikräumen, Spielplätzen, einer Cafeteria und einem Schulgarten.

III. Genehmigungs- und Finanzierungssituation

Die bayerischen Schulaufsichtsbehörden haben die Internationalen Schulen in Bayern bislang teils als Ersatzschule und teils als Ergänzungsschule eingeordnet. So hat die Bezirksregierung von Oberbayern die Jahrgangsstufen 1 bis 9 der Munich International School als Ersatzschule genehmigt, wobei die Begründung im Laufe der Jahre wechselte („private Volksschule"; „private Grund- und Hauptschule"). Bezogen auf die Jahrgangsstufen 10 bis 12 betrachtet die Bezirksregierung die Munich International School als allgemeinbildende *Ergänzungsschule*. Der zweijährige Kindergarten / Vorschule der Munich International School wurde vom zuständigen Sozialministerium / Landratsamt als Kindertageseinrichtung gem. § 45 SGB VIII genehmigt.

Die Finanzierung der Internationalen Schulen in Bayern beruht auf mehreren Säulen. Sie erfolgt größtenteils aus privaten Mitteln wie Schulgeld und zum Teil[9] aus freiwilligen Spenden der Eltern. Ergänzt wird die Finanzierung durch öffentliche Zuschüsse des Freistaates Bayern für die Jahrgangsstufen 1 bis 9. Die staatliche Finanzhilfe deckt im Durchschnitt 17 % der tatsächlichen Gesamtkosten der Internationalen Schulen für diese Jahrgangsstufen, wobei die Baukosten nicht mitgerechnet sind. 70 % der Gesamtkosten der bayerischen Internationalen Schulen entstehen für Personalkosten (insbesondere Gehälter für international ausgebildete Lehrkräfte sowie Kosten für Verwaltungs- und Betreuungspersonal).

Schulgeld erheben die Internationalen Schulen abhängig von der Schule und der Jahrgangsstufe in unterschiedlicher Höhe; flankiert wird es durch Schulgeldermäßigungsprogramme (School Fee Reduction Programme) für Mehr-Kind-Familien (sog. Geschwisternachlass) und einkommensschwache Eltern. Weitere Elternbeiträge fallen für die Inanspruchnahme von außerunterrichtlichen Nachmittagsangeboten an, deren Inanspruchnahme freiwillig ist (After School Activities, Athletics and After School Care).

Bei sog. Expats ist das Schulgeld regelmäßig Teil des zwischen den Eltern und ihren Arbeitgebern bzw. Arbeitgeberinnen ausgehandelten „Entgelt-Pakets"; bei etwa einem Drittel der Fälle überweist der / die ArbeitgeberIn das Schulgeld direkt an die Internationale Schule. Bei der Munich International School wird gegenwärtig das Schulgeld für knapp 30 % aller SchülerInnen vollständig oder teilweise von dem / der ArbeitgeberIn der Eltern übernommen.

---

[9] Das Spendenaufkommen der Internationalen Schulen ist sehr unterschiedlich; zum Teil erzielen sie keine nennenswerten Spenden.

In den letzten Jahren hat die Schulaufsicht gegenüber den Internationalen Schulen vermehrt Maßnahmen zur Wahrung des sog. Sonderungsverbotes nach Art. 7 Abs. 4 S. 3 GG i. V. m. Art. 96 BayEUG ergriffen. Die Bezirksregierung von Oberbayern dringt auf eine Regulierung des Schulgeldes entsprechend den „Grundsätzen zum Schulgeld für private Grund- und Mittel- (bzw. Haupt-)schulen vom 12.04.2016".

IV. Untersuchungsgang

Die Arbeitsgemeinschaft Internationaler Schulen in Bayern e. V. (AISB), zu der sich die Internationalen Schulen in Bayern zusammengeschlossen haben, hat im Jahr 2020 um ein Rechtsgutachten zum Schulstatus der Internationalen Schulen in Bayern gebeten. Auf dieses Gutachten geht das Buch zurück. Der (verfassungs-)rechtliche Schulstatus der Internationalen Schulen ist bislang rechtlich nicht geklärt und kaum überhaupt erörtert. Die zentrale Frage ist, ob Internationale Schulen rechtlich als *Ersatz*schulen oder als *Ergänzungs*schulen zu qualifizieren sind, was erhebliche Konsequenzen für ihre Genehmigung und ihre Finanzierung durch Schulgeld sowie für staatliche Finanzhilfe nach sich zieht. Anders als andere Bundesländer ist im Freistaat Bayern der Status der Internationalen Schulen landesrechtlich nicht geregelt.

Der verfassungsrechtliche Schulstatus (Ersatzschule oder Ergänzungsschule) der Internationalen Schulen wird exemplarisch anhand der Munich International School erarbeitet. Am Anfang steht ein kurzer Überblick über die landesschulrechtlichen Regelungen zu Internationalen Schulen in Deutschland (s. B.). Anschließend werden die verfassungsrechtlichen Rahmenbedingungen für die Gründung und den Betrieb Internationaler Schulen erarbeitet, wobei der Ersatzschulbegriff präzisiert und weiterentwickelt wird (s. C.). Auf dieser Grundlage wird der Schulstatus der Internationalen Schulen in Bayern bestimmt (s. D.). Danach werden die Konsequenzen für die Genehmigung Internationaler Schulen sowie für ihre Finanzierung durch Schulgeld und durch staatliche Finanzhilfe geschildert (s. E.). Die Untersuchung schließt mit einer Zusammenfassung der Ergebnisse (s. F.).

Vorweggeschickt sei, dass sich das Landesschulrecht des Freistaates Bayern von dem Schulrecht der anderen Bundesländer zwar im Hinblick auf die Vorschriften über private Ersatz- und Ergänzungsschulen im Allgemeinen und über Internationale Schulen im Besonderen durchaus unterscheidet. Die für die Gründung und den Betrieb privater Schulen, die Genehmigung von Ersatzschulen, die Finanzhilfe für Ersatzschulen und die Erhebung von Schulgeld durch private Schulen maßgeblichen rechtlichen Regelungen sind indes in Art. 7 Abs. 4 GG bundesverfassungsrechtlich einheitlich und abschließend normiert. Die im Folgenden erarbeiteten Grundsätze gelten daher prinzipiell auch für Internationale Schulen mit Sitz in anderen Bundesländern. Abweichungen können sich ergeben, soweit Internationale Schulen in anderen Bundesländern andere Bildungsgänge und Abschlüsse anbieten und andere Bundesländer ein anderes öffentliches Schulsystem vorsehen.

B. Landesschulrechtlicher Status Internationaler Schulen

In Deutschland existieren vereinzelt Schulen in staatlicher Trägerschaft, die nach international standardisierten Programmen der IBO zum International Baccalaureate Diploma führen.[10] Daneben gibt es 55 private Schulen, die einzelne oder sämtliche Programme der IBO anbieten und zu entsprechenden Abschlüssen (Abschluss des Middle Years Programme – MYP Certificate; International Baccalaureate Diploma – IB Diploma) führen.[11] Der schulrechtliche Status der privaten Internationalen Schulen ist, soweit er gesetzlich überhaupt geregelt ist, in den Bundesländern unterschiedlich.

I. Freistaat Bayern

In *Bayern* sind private Internationale Schulen ebenso wenig wie andere private Schulen (z. B. die Waldorfschulen) im Landesschulrecht namentlich erwähnt. Das Bayerische Gesetz über das Erziehungs- und Unterrichtswesen regelt in Art. 90 ff. das private Schulwesen und differenziert insofern zwischen Ersatzschulen (Art. 91 ff.) und Ergänzungsschulen (Art. 102 ff.), zu denen sich freie Schulen mit Sitz im Freistaat zuordnen lassen müssen.

Ersatzschulen sind gem. Art. 91 BayEUG „private Schulen, die in ihren Bildungs- und Erziehungszielen öffentlichen im Freistaat Bayern vorhandenen oder vorgesehenen Schulen entsprechen". Sie dürfen nur auf Antrag „mit staatlicher Genehmigung errichtet und betrieben werden" (Art. 92 Abs. 1 BayEUG). Die Genehmigungsvoraussetzungen stehen in Art. 92 Abs. 2 und 3 sowie in Art. 93 bis 99 BayEUG.

---

[10] Übersicht abrufbar unter: https://www.ibo.org/programmes/find-an-ib-school/?SearchFields.Region=ibaem&SearchFields.Country=DE&SearchFields.Keywords=&SearchFields.Language=&SearchFields.BoardingFacilities=&SearchFields.SchoolGender=&SearchFields.ProgrammePYP=true&SearchFields.ProgrammeMYP=true&SearchFields.ProgrammeDP=true&SearchFields.TypePublic=true&page=2.

[11] Übersicht abrufbar unter: https://www.ibo.org/programmes/find-an-ib-school/?SearchFields.Region=ibaem&SearchFields.Country=DE&SearchFields.Keywords=&SearchFields.Language=&SearchFields.BoardingFacilities=&SearchFields.SchoolGender=&SearchFields.ProgrammePYP=true&SearchFields.ProgrammeMYP=true&SearchFields.ProgrammeDP=true&SearchFields.TypePrivate=true&page=3.

Für das Recht zur Erteilung von Zeugnissen, die die gleiche Berechtigung verleihen wie die Zeugnisse der öffentlichen Schulen, bedürfen Ersatzschulen zusätzlich zur Genehmigung einer staatlichen Anerkennung (s. Art. 100 BayEUG). Als Ersatzschulen genehmigte private Schulen sind berechtigt, schulpflichtige SchülerInnen aufzunehmen (s. Art. 36 Abs. 1 S. 1 Nr. 1 und 2 BayEUG), und erhalten Finanzhilfe nach Maßgabe der Art. 28 ff. BaySchFG.

Ergänzungsschulen sind (negativ) definiert als „private Schulen, die nicht Ersatzschulen i. S. d. Art. 91 BayEUG sind" (Art. 102 Abs. 1 BayEUG). Sie unterliegen keiner Genehmigungs-, sondern nur einer Anzeigepflicht (Art. 102 BayEUG). Grundsätzlich sind sie nicht berechtigt, schulpflichtige SchülerInnen aufzunehmen. Eine Ausnahme gilt für Ergänzungsschulen, deren Eignung hierfür das Staatsministerium festgestellt hat (Art. 36 Abs. 1 S. 1 Nr. 1 BayEUG). Das ist bei den Internationalen Schulen in den Jahrgangsstufen 10 bis 12 der Fall. Ergänzungsschulen erhalten im Grundsatz auch keine Finanzhilfe vom Freistaat Bayern. Anders als das Schulrecht anderer Bundesländer kennt das BayEUG nicht (mehr) den Privatschultypus staatlich anerkannter Ergänzungsschulen.

Staatliche Internationale Schulen existieren in Bayern nicht. Es hat zwar in den Jahren 2013/14 seitens des Staates einen Versuch gegeben, eine Internationale Schule (mit) zu gründen (Garching International School). Die Schule ging jedoch wegen zu geringer Nachfrage und Anmeldungen nicht in Betrieb.[12]

II. Andere Bundesländer

Andere Bundesländer haben den schulrechtlichen Status freier Internationaler Schulen teilweise ausdrücklich geregelt. Sie sind je nach Bundesland entweder (genehmigte bzw. anerkannte) Ersatzschule oder (einfache bzw. anerkannte) Ergänzungsschule, wobei hinsichtlich des Schulstatus teilweise zwischen dem Primarbereich, dem Sekundarbereich I und dem Sekundarbereich II differenziert wird.[13] In manchen Bundesländern existieren auch staatliche Internationale Schulen. An den Status als (genehmigte / anerkannte) Ersatzschule oder (einfache bzw. anerkannte) Ergänzungsschule knüpfen sich unterschiedliche Rechtsfolgen.[14]

Das Schulgesetz für *Baden-Württemberg* sieht u. a. die (staatliche) Internationale Gesamtschule Heidelberg als „Schule besonderer Art" vor (§ 107 SchulG). Freie Internationale Schulen sind weder im Schulgesetz noch im Gesetz für die Schulen in freier Trägerschaft ausdrücklich genannt. Sie können unter den Voraussetzungen der

[12] Hierzu näher: http://www.buerger-fuer-garching.de/2014/07/braucht-garching-eine-internationale-schule-ja-aber/.

[13] Nach *Vogel*, DÖV 2008, 895 (899) werden Internationale Schulen im Grundschulbereich und Sekundarbereich I durchgängig als Ersatzschulen und im Sekundarbereich II als Ergänzungsschulen angesehen; vgl. auch *Vogel*, BuE 44 (1991), 351 (353).

[14] S. noch unter C. I.

§§ 3 ff. PSchG als Ersatzschulen genehmigt oder gem. §§ 13 ff. PSchG als Ergänzungsschulen betrieben werden, wobei das Privatschulgesetz sowohl staatlich anerkannte Ersatzschulen (§ 10 PSchG) als auch staatlich anerkannte Ergänzungsschulen (§ 15 PSchG) kennt. Zudem kann die Landesregierung durch Rechtsverordnung bei Bestehen eines wichtigen öffentlichen Interesses neben den Waldorfschulen, die kraft Gesetzes Ersatzschulen sind (§ 3 Abs. 2 S. 1 PSchG), weitere Schulen in freier Trägerschaft zu Ersatzschulen erklären (§ 3 Abs. 2 S. 2 PSchG).

Das Schulgesetz für das Land *Berlin* nennt sowohl im Kontext der Gymnasien (§ 28 Abs. 6 S. 2) als auch der Schulaufsicht (§ 105 Abs. 5) „Staatliche Internationale Schulen". Freie Internationale Schulen sind nicht ausdrücklich erwähnt; sie können unter den für alle privaten Schulen geltenden Voraussetzungen der §§ 97 ff. SchulG als Ersatzschulen genehmigt oder als Ergänzungsschulen betrieben werden (§ 102 f. SchulG), wobei das Schulgesetz für das Land Berlin sowohl staatlich anerkannte Ersatzschulen (§ 100 SchulG) als auch staatlich anerkannte Ergänzungsschulen (§ 103 SchulG) kennt.

In *Bremen* ist die (freie) International School of Bremen explizit als Ersatzschule qualifiziert (§ 2 Abs. 2 S. 3, Abs. 3 S. 1 Gesetz über das Privatschulwesen und den Privatunterricht). Im Übrigen wird gem. § 15 Abs. 2 PSchG einer allgemeinbildenden Ergänzungsschule auf Antrag die Eigenschaft einer anerkannten Ergänzungsschule verliehen, wenn deren Schulabschluss darauf ausgerichtet ist, das International Baccalaureate Diplome / Diplôme du Baccalauréat International (IB Diploma), das International General Certificate of Secondary Education (IGCSE) oder das Advanced International Certificate of Education (AICE) zu vergeben und die von den Schülerinnen und Schülern erworbenen Abschlüsse international anerkannt werden.[15]

In *Hessen* kann gem. § 13 Abs. 6 Hessisches Schulgesetz ein internationaler Abschluss insbesondere durch die Bildung von Schwerpunkten innerhalb eines Bildungsganges und den erweiterten Einsatz einer Fremdsprache als Unterrichtssprache nach durch Rechtsverordnung dafür näher bestimmten curricularen und unterrichtsorganisatorischen Voraussetzungen erworben werden, wenn ein solcher Abschluss (insbesondere) zusammen mit einem der folgenden Abschlüsse erworben wird: Abschluss der Jahrgangsstufe 9 in Form des einfachen und des qualifizierenden Hauptschulabschlusses (s. § 13 Abs. 3 SchulG); mittlerer Abschluss in Form des einfachen und des qualifizierenden Realschulabschlusses nach Jahrgangsstufe 10 (s. § 13 Abs. 4 SchulG); Abschluss der gymnasialen Oberstufe (s. § 13 Abs. 5 SchulG). Im Kontext der Schulpflicht ist geregelt, dass ausländische SchülerInnen die Schulpflicht auch an als Ergänzungsschulen staatlich anerkannten Schulen in freier Trägerschaft erfüllen können, die auf das Internationale Baccalaureat vorbereiten (§ 56 Abs. 2 S. 2 SchulG).

---

[15] *Avenarius/Hanschmann*, Schulrecht, S. 301 Fn. 56 erachten § 2 Abs. 2 S. 3, Abs. 3 S. 1 PSchG und § 15 Abs. 2 PSchG als widersprüchlich. § 2 Abs. 2 S. 3, Abs. 3 S. 1 PSchG ist ihrer Ansicht nach eine Fiktion.

In *Niedersachsen* sind private Internationale Schulen Ergänzungsschulen oder anerkannte Ergänzungsschulen.[16] Nach dem Niedersächsischen Schulgesetz kann einer allgemeinbildenden Ergänzungsschule auf Antrag des Schulträgers die Eigenschaft einer anerkannten Ergänzungsschule verliehen werden, wenn deren Schulabschluss darauf ausgerichtet ist, das International Baccalaureate Diplome / Diplôme du Baccalauréat International zu vergeben (§ 161 Abs. 3 S. 1 SchulG). Den Trägern solcher anerkannten Ergänzungsschulen gewährt das Land Finanzhilfe (§ 161 Abs. 3 S. 4 SchulG). Für eine Ergänzungsschule, die einen Unterricht von mindestens 24 Wochenstunden erteilt, kann die Schulbehörde die Feststellung treffen, dass während des Besuchs dieser Ergänzungsschule die Schulpflicht ruht (§ 160 S. 1 SchulG).[17]

In *Nordrhein-Westfalen* kann einer allgemeinbildenden internationalen Ergänzungsschule auf Antrag die Eigenschaft einer anerkannten Ergänzungsschule durch das Ministerium verliehen werden, wenn an dieser Schule ein von den Ländern als Hochschulzugangsberechtigung anerkannter internationaler Abschluss erreicht werden kann, in einem durch das Ministerium bestimmten Mindestumfang Unterricht in deutscher Sprache abgehalten wird und für die Errichtung und den Betrieb dieser Schule dauerhaft ein besonderes öffentliches Interesse besteht (§ 118 Abs. 3 S. 1 SchulG). In der Primarstufe ist eine Anerkennung nur möglich, wenn ein besonderes pädagogisches Interesse festgestellt worden ist und eine Sonderung nicht gefördert wird (§ 118 Abs. 3 S. 2 SchulG).[18] An solchen anerkannten internationalen Ergänzungsschulen kann die Schulpflicht erfüllt werden (§ 34 Abs. 5 S. 2 lit. b), § 118 Abs. 4 S. 3 SchulG). Sie erhalten keine Finanzhilfe des Landes.[19]

In *Sachsen* ist an Gymnasien mit entsprechendem Angebot der Erwerb international anerkannter Abschlüsse möglich (§ 7 Abs. 2 S. 2 SchulG). Private Internationale Schulen sind gem. § 11 Abs. 3 S. 1 SächsFrTrSchulG Ergänzungsschulen in der Sekundarstufe I oder II, die von der International Baccalaureate Organization anerkannt sind und in denen das International Baccalaureate Diploma erreicht werden kann. Durch den Besuch einer staatlich anerkannten Internationalen Schule (s. § 11 Abs. 1 und 2 SächsFrTrSchG) wird die Schulpflicht erfüllt (§ 11 Abs. 3 S. 3 SächsFrTrSchulG). Die Vorschriften über die staatliche Finanzhilfe für Ersatzschulen (s. §§ 13 ff. SächsFrTrSchulG) gelten für staatlich anerkannte Internationale Schulen entsprechend (§ 11 Abs. 3 S. 4 SächsFrTrSchulG).

---

[16] Vgl. *Ulrich*, in: Galas/Krömer/Nolte/Ulrich, Niedersächsisches Schulgesetz, § 161 Rn. 4, auch dazu, dass es staatliche Internationale Schulen in Niedersachsen nicht gibt.

[17] Zur Möglichkeit der Schulpflichterfüllung an anerkannten Ergänzungsschulen in Niedersachsen s. auch *Ulrich*, in: Galas/Krömer/Nolte/Ulrich, Niedersächsisches Schulgesetz, § 161 Rn. 4.

[18] Zu den Voraussetzungen des § 118 Abs. 3 S. 1 SchulG NRW für die Anerkennung allgemeinbildender Internationaler Ergänzungsschulen im Primarbereich näher *Poscher/Neupert*, RdJB 2005, 244 (252 f.).

[19] *v. d. Hövel*, RdJB 2007, 330 (331 f.).

In *Thüringen* können Schulen, die zu einem international anerkannten allgemeinbildenden Schulabschluss führen, der auch in Deutschland anerkannt ist, durch Beschluss der Landesregierung in der Förderung einer Ersatzschule gleichgestellt werden, wenn ein besonders wichtiges, insbesondere wirtschaftliches öffentliches Interesse besteht (§ 17 Abs. 5 S. 1 ThürSchfTG).

C. Verfassungsrechtlicher Rahmen für Internationale Schulen

Der schulrechtliche Status privater Schulen (Ersatz- oder Ergänzungsschule) bestimmt sich nach Art. 7 Abs. 4 GG, der den rechtlichen Rahmen für die Gründung und den Betrieb privater Schulen in Deutschland abschließend regelt. Als Teil der Bundesverfassung steht Art. 7 Abs. 4 GG normenhierarchisch im Rang über dem Landesrecht einschließlich dem Landesschulgesetz und der Landesverfassung (Art. 31, Art. 142 GG).

Art. 7 Abs. 4 GG beruht auf einer Zweiteilung des privaten Schulwesens in Ersatzschulen und Ergänzungsschulen und knüpft an die verschiedenen Schultypen jeweils unterschiedliche Rechtsfolgen (s. Ziff. I.). Der Begriff der Ersatzschule ist in Art. 7 Abs. 4 S. 2 GG – in Abgrenzung zur Ergänzungsschule – abschließend geregelt und insofern ausschließlich bundesverfassungsrechtlich zu bestimmen. Er unterfällt in die Teilbegriffe „Schule" (s. Ziff. II.) und „Ersatz" für öffentliche Schulen (s. Ziff. III.). In diesen bundesverfassungsrechtlichen Rahmen muss sich das Landesschulrecht einfügen; das bayerische Schulrecht ist im Lichte des Art. 7 Abs. 4 GG verfassungskonform auszulegen (s. Ziff. IV.).

I. Verfassungsrechtliche Zweiteilung des Privatschulwesens in Ersatz- und Ergänzungsschulen

Art. 7 Abs. 4 S. 1 GG verbürgt für alle Privatpersonen ein Grundrecht zur Errichtung und zum Betrieb privater Schulen,[20] differenziert aber hinsichtlich der Rechte und Pflichten der privaten Schulen zwischen sog. Ersatzschulen und Ergänzungsschulen. Die Einordnung privater Schulen als Ersatz- oder Ergänzungsschulen entscheidet darüber, welchen Regulierungs- und Aufsichtsbefugnissen sie unterliegen, welche Autonomiebefugnisse ihnen zukommen und ob sie finanzhilfeberechtigt gegenüber dem Bundesland sind, in dem sie ihren Sitz haben. Eine Ausnahme gilt für Volksschulen, d. h. Grundschulen;[21] sie sind unter den Voraus-

---

[20] Zum Grundrechtsgehalt des Art. 7 Abs. 4 S. 1 GG statt aller BVerfGE 27, 195 (200); 90, 128 (142); *Badura*, in: Maunz/Dürig, Grundgesetz, Art. 7 Rn. 97.

[21] Zur Bedeutung des Begriffes „Volksschule" i. S. d. Art. 7 Abs. 5 GG als Grundschule *Brosius-Gersdorf*, in: Dreier, Grundgesetz, Art. 7 Rn. 130.

setzungen des Art. 7 Abs. 5 GG („Eine private Volksschule ist nur zuzulassen, wenn …") stets Ersatzschulen.[22]

Private Schulen als Ersatz für öffentliche Schulen (*Ersatzschulen*)[23] bedürfen gem. Art. 7 Abs. 4 S. 2 GG der Genehmigung des Staates und unterstehen den Landesgesetzen. Die Genehmigungsvoraussetzungen sind in Art. 7 Abs. 4 S. 3 und 4 GG (für die Grundschule gilt zusätzlich: Art. 7 Abs. 5 GG) abschließend geregelt; sie dürfen von den Ländern weder verkürzt noch erweitert werden.[24] Liegen die Voraussetzungen des Art. 7 Abs. 4 S. 3 und 4 GG vor, steht dem Schulträger ein Rechtsanspruch auf Genehmigung als Ersatzschule zu.[25] Genehmigte Ersatzschulen sind von Verfassungs wegen (Art. 7 Abs. 4 GG) durch Finanzhilfe des Staates zu fördern[26] und haben das Recht, schulpflichtige SchülerInnen aufzunehmen.[27]

Nach der Rechtsprechung des Bundesverfassungsgerichtes ist mit dem verfassungsrechtlichen Begriff der Ersatzschule (Art. 7 Abs. 4 S. 2 GG) allerdings nicht die Befugnis zur Vergabe öffentlicher Berechtigungen mit Außenwirkung verbunden.[28] Aus diesem Grund sei das in fast allen Landesschulgesetzen (Bayern: s. Art. 100 BayEUG) vorgesehene Institut der *staatlichen Anerkennung von Ersatzschulen*, mit denen die Länder die Vergabe öffentlicher Berechtigungen (v. a. Zeugnisse, Prüfungen, Abschlüsse) an über die Genehmigungsvoraussetzungen des Art. 7 Abs. 4 S. 3 und 4 GG hinausgehende Bedingungen wie die Beachtung der für die staatlichen Schulen geltenden Aufnahme-, Versetzungs- und Prüfungsordnungen knüpfen,[29] mit dem Grundrecht der Privatschulfreiheit (Art. 7 Abs. 4 S. 1 GG) grundsätzlich vereinbar.[30]

---

[22] S. nur OVG Lüneburg, Beschluss vom 08.07.2014 – 2 OB 148/14, Rn. 28 (juris); *Jestaedt*, in: Isensee/Kirchhof, Handbuch des Staatsrechts VII, § 156 Rn. 50; *Vogel*, DÖV 1992, 505 (513).

[23] Zum Begriff der Ersatzschule näher unter C. III.

[24] S. nur BVerwGE 17, 236 (238); *Vogel*, DÖV 2008, 895 (901); *Rennert*, DVBl. 2001, 504 (515).

[25] Zum Rechtsanspruch auf Genehmigung s. nur BVerfGE 27, 195 (200); BVerfG, NVwZ 2011, 1384; BVerwGE 112, 263 (266); s. auch OVG Sachsen, Urteil vom 31.03. 2015 – 2 A 758/13, Rn. 14 (juris); *Brosius-Gersdorf*, in: Dreier, Grundgesetz, Art. 7 Rn. 113 ff.

[26] S. nur BVerfGE 75, 40 (62 f.); 90, 107 (115); 112, 74 (83); BVerfG, Beschluss vom 04. 03. 1997 – 1 BvL 26/96 u. a., Rn. 29 (juris) – ständige Rechtsprechung; s. auch BVerwGE 79, 154 (155 f.); VerfG Bbg, Urteil vom 12. 12. 2014 – 31/12, Rn. 112 (juris); aus dem Schrifttum statt aller *Pieroth/Barczak*, in: Avenarius – Pieroth/Barczak, Die Herausforderung des öffentlichen Schulwesens durch private Schulen, S. 71 ff. (94 ff.); *Jestaedt*, in: Isensee/Kirchhof, Handbuch des Staatsrechts VII, § 156 Rn. 61.

[27] Statt aller BVerfGE 27, 195 (203); *Jestaedt*, in: Isensee/Kirchhof, Handbuch des Staatsrechts VII, § 156 Rn. 50; *Stern*, Staatsrecht IV/2, S. 530; *Rennert*, DVBl. 2001, 504 (514).

[28] BVerfGE 27, 195 (202 ff.).

[29] Zu den landesrechtlichen Regelungen über staatlich anerkannte Ersatzschulen näher *Kümper*, DÖV 2015, 864 (868).

[30] BVerfGE 27, 195 (200 ff.), auch zu den Grenzen der Vereinbarkeit der staatlichen Anerkennung von Ersatzschulen mit Art. 7 Abs. 4 GG; vgl. auch BVerwGE 68, 185 (188); 112, 263 (270 f.). Verfassungsrechtliche Bedenken gegen das landesschulgesetzliche Institut der

Das „Gegenstück" zu privaten Ersatzschulen sind private *Ergänzungsschulen.*[31] Sie sind anders als in der Weimarer Reichsverfassung (Art. 147 Abs. 4 WRV)[32] im Grundgesetz nicht ausdrücklich erwähnt; ihre Existenz ergibt sich aber aus dem systematischen Zusammenspiel von Satz 1 und Satz 2 des Art. 7 Abs. 4 GG. Ergänzungsschulen als freie Schulen, die nicht Ersatz für öffentliche Schulen sind,[33] unterliegen nicht dem Genehmigungsvorbehalt des Art. 7 Abs. 4 S. 2 GG und dementsprechend nicht den Genehmigungsvoraussetzungen des Art. 7 Abs. 4 S. 3 und 4 GG (insbesondere nicht dem Sonderungsverbot des Art. 7 Abs. 4 S. 3 GG).[34] Anders als Ersatzschulen haben sie indes auch keinen verfassungsrechtlichen Anspruch auf Finanzhilfe des Staates.[35] Auch kann an ihnen die Schulpflicht grundsätzlich nicht erfüllt werden.[36]

Etwas anderes gilt nach den Landesschulgesetzen mancher Bundesländer für sogenannte *staatlich anerkannte Ergänzungsschulen*, die insbesondere für den Fall vorgesehen sind,[37] dass an der Schule ein besonderes pädagogisches oder sonstiges öffentliches Interesse besteht[38] und sie den Unterricht nach staatlich genehmigten Lehrplänen und Prüfungsvorschriften erteilt.[39] Solche anerkannten Ergänzungsschulen dürfen in der Regel öffentliche oder ihnen entsprechende Berechtigungen

---

Anerkennung als Voraussetzung für die Vergabe öffentlicher Berechtigungen dagegen z. B. bei *Heckel*, Deutsches Privatschulrecht, S. 245; *Müller*, Das Recht der Freien Schule, S. 353 ff.; *Ogorek*, DÖV 2010, 341 (344 ff.); *Brosius-Gersdorf*, in: Dreier, Grundgesetz, Art. 7 Rn. 126.

31 Vgl. nur *Heckel*, Deutsches Privatschulrecht, S. 224.

32 Art. 147 Abs. 4 WRV lautete: „Für private Schulen, die nicht als Ersatz für öffentliche Schulen dienen, verbleibt es bei dem geltenden Recht."; hierzu *Heckel*, Deutsches Privatschulrecht, S. 224.

33 Zum Begriff der Ergänzungsschule näher unter C. III.

34 Statt aller BVerfGE 90, 107 (121); *Kösling*, RdJB 2004, 208 (215); *Stern*, Staatsrecht IV/2, S. 536; *Wißmann*, in: Kahl/Waldhoff/Walter, Bonner Kommentar zum Grundgesetz, Art. 7 Rn. 208; *Jestaedt*, in: Isensee/Kirchhof, Handbuch des Staatsrechts VII, § 156 Rn. 63.

35 BVerfGE 75, 40 (62); 90, 128 (138); *Jestaedt*, in: Isensee/Kirchhof, Handbuch des Staatsrechts VII, § 156 Rn. 63; *Kümper*, VerwArch 107 (2016), 120 (121); *Avenarius*, in: Avenarius – Pieroth/Barczak, Die Herausforderung des öffentlichen Schulwesens durch private Schulen, S. 9 (27).

36 S. nur BVerfGE 27, 195 (201 f.); 90, 128 (139); BVerwGE 104, 1 (7); 145, 333 (337); OVG Sachsen-Anhalt, Urteil vom 22.06.2006 – 3 K 3/05, Rn. 42 (juris); *Wißmann*, in: Kahl/Waldhoff/Walter, Bonner Kommentar zum Grundgesetz, Art. 7 Rn. 206; *Stern*, Staatsrecht IV/2, S. 537; *Jestaedt*, in: Isensee/Kirchhof, Handbuch des Staatsrechts VII, § 156 Rn. 50; *Avenarius/Hanschmann*, Schulrecht, S. 318 f.; *Vogel*, BuE 44 (1991), 351 (354); *Kösling*, RdJB 2004, 208 (209). Zu der Möglichkeit einer landesrechtlichen Befreiung von der Schulpflicht zum Besuch einer Ergänzungsschule s. *Avenarius*, in: Avenarius – Pieroth/Barczak, Die Herausforderung des öffentlichen Schulwesens durch private Schulen, S. 9 (35 f.); *v. d. Hövel*, RdJB 2007, 330 (331); *Rux*, Schulrecht, § 2 Rn. 275.

37 Zu den landesrechtlichen Regelungen über staatlich anerkannte Ersatzschulen näher *Brosius-Gersdorf*, Die Verwaltung 45 (2012), 389 (396 ff.); *Kümper*, DÖV 2015, 864 (868 f.).

38 S. etwa § 15 Abs. 1 PSchG BW; § 11 Abs. 1 SächsFrTrSchulG; § 15 Abs. 1 ThürSchfTG.

39 S. etwa § 15 Abs. 1 und 2 PSchG BW; § 11 Abs. 1 und 2 SächsFrTrSchulG; § 15 Abs. 1 und 2 ThürSchfTG.

(Zeugnisse und Abschlüsse) erteilen;[40] bei Gestattung seitens des Landesgesetzgebers oder der Landesschulbehörde kann an ihnen die Schulpflicht erfüllt werden.[41] In einzelnen Bundesländern steht anerkannten Ergänzungsschulen (und zum Teil auch einzelnen nicht anerkannten Ergänzungsschulen)[42] ein Anspruch auf Finanzhilfe gegen das Land zu.[43] Ob das Institut der anerkannten staatlichen Ergänzungsschule mit Art. 7 Abs. 4 GG in Einklang steht, ist nicht geklärt.[44] Feststehen dürfte, dass die Länder nicht gezwungen sind, den Schultyp der anerkannten Ergänzungsschule vorzusehen.[45]

II. Verfassungsbegriff der Schule (Art. 7 Abs. 1 und 4 GG)

Da die Zuordnung einer privaten Schule zum Bereich der Ersatz- oder Ergänzungsschule darüber entscheidet, welche Rechte und Pflichten für sie gelten, kommt den Begriffen der Ersatzschule einerseits und der Ergänzungsschule andererseits große Bedeutung zu. Bevor der Verfassungsbegriff der *Ersatz*schule (Art. 7 Abs. 4 S. 2 GG) im Einzelnen betrachtet und von dem Gegenbegriff der *Ergänzungs*schule abgegrenzt wird (s. III.), wird vorab der Begriff der *Schule* im Verfassungssinne erläutert. Sowohl Ersatzschulen als auch Ergänzungsschulen sind auf den Bereich der Schule i. S. d. Art. 7 Abs. 1 und 4 GG begrenzt.

Es besteht Einigkeit darüber, dass sowohl Ersatz- als auch Ergänzungsschulen i. S. d. Art. 7 Abs. 4 GG nur private Bildungseinrichtungen sein können, die den Begriff der „Schule" im Verfassungssinne (s. Art. 7 Abs. 1 und 4 GG) erfüllen.[46] Was unter „Schule" im verfassungsrechtlichen Sinne zu verstehen ist, ist umstritten. Nach dem ganz überwiegend vertretenen herkömmlichen, sog. *organisatorisch-formalen Schulbegriff*, der auf *Heckel* zurückgeht, ist Schule im Verfassungssinne „eine auf gewisse Dauer berechnete, an fester Stätte unabhängig vom Wechsel der Lehrer und

---

[40] S. nur § 103 Abs. 2 SchulG Bln; § 15 Abs. 2 PSchG BW; § 11 Abs. 2 SächsFrTrSchulG; § 15 Abs. 2 ThürSchfTG; § 161 Abs. 1 NSchG.

[41] S. etwa § 11 Abs. 3 S. 3 SächsFrTrSchulG; § 15 Abs. 3 ThürSchfTG.

[42] S. etwa § 17 Abs. 3 Nr. 4 PSchG BW bezogen auf Internationale Schulen im Status einer Ergänzungsschule, an denen ein ‚International Baccalaureate Diploma / Diplôme du Baccalauréat International' nach den Bestimmungen der International Baccalaureate Organization erworben werden kann, das der Vereinbarung der Kultusministerkonferenz über die Anerkennung des ‚International Baccalaureate Diploma / Diplôme du Baccalauréat International' in der jeweils geltenden Fassung entspricht.

[43] So § 161 Abs. 3 S. 4 NSchG.

[44] Näher bei und in Fn. 321 bis 323.

[45] So bezogen auf den Typus der staatlichen Ersatzschule wohl auch BVerfGE 27, 195 (200 ff.). Das Bayerische Gesetz über das Erziehungs- und Unterrichtswesen kennt einen solchen Typus der staatlich anerkannten Ergänzungsschule nicht (mehr), s. oben B. I.

[46] BVerfGE 75, 40 (77); *Brosius-Gersdorf*, in: Dreier, Grundgesetz, Art. 7 Rn. 114.

Schüler in überlieferten Formen organisierte Einrichtung der Erziehung und des Unterrichts, die durch planmäßige und methodische Unterweisung eines größeren Personenkreises in einer Mehrzahl allgemeinbildender oder berufsbildender Fächer bestimmte Bildungs- und Erziehungsziele zu verwirklichen bestrebt ist".[47] Nach einem anderen, hier für richtig gehaltenen *funktionalen Schulbegriff* ist Schule i. S. d. Art. 7 Abs. 1 und 4 GG jede Vermittlung von Bildung und bildungsbezogener Erziehung, die geeignet und erforderlich ist, um Kinder zu selbstbestimmten und verantwortungsbewussten, in die soziale Gemeinschaft integrierten Bürgerinnen und Bürgern zu entwickeln und ihre Teilhabe an Ausbildung, Studium und Beruf sicherzustellen.[48] Unterricht für einen größeren Personenkreis in einer Mehrzahl allgemein- oder berufsbildender Fächer ist nicht erforderlich. Dieser Schulbegriff hat sich aber bislang nicht durchgesetzt.[49]

1. Grund-, Mittel- und Oberschule (Junior School, Middle School, Senior School) der Internationalen Schulen

Das Bildungsangebot der Internationalen Schulen erfüllt in den Bereichen der Grundschule (Junior School), Mittelschule (Middle School) und Oberschule (Senior School) die Merkmale des Verfassungsbegriffes der Schule nach beiden Definitionen (organisatorisch-formaler und funktionaler Schulbegriff). Sie bieten auf der Grundlage der internationalen Programme und Lehrpläne der IBO planmäßig und methodisch allgemeinbildenden Unterricht in einer Vielzahl an Fächern durch ausgebildete Lehrkräfte für SchülerInnen in festen Einrichtungen und Gebäuden an, um bestimmte Bildungs- und Erziehungsziele zu verwirklichen.[50]

Die Zuordnung zum Bereich der Schule i. S. d. Art. 7 Abs. 1 und 4 GG gilt bei den Internationalen Ganztagsschulen in Bayern wie der Munich International School nicht nur für den Bereich des vormittäglichen Unterrichts, sondern auch für das Angebot am Nachmittag. In Bayern können gem. Art. 6 Abs. 4 S. 1 BayEUG an Grundschulen, Mittelschulen und Gymnasien schulische Ganztagsangebote in eigenen Ganztagsklassen in rhythmisierter Form (gebundenes Ganztagsangebot) oder bzw. und in klassen- und jahrgangsübergreifender Form (offenes Ganztagsangebot) eingerichtet werden. Mittelschulen umfassen „in der Regel ein schulisches Ganz-

---

[47] *Heckel*, Deutsches Privatschulrecht, S. 218; in Anlehnung an *Heckel* ebenso oder ähnlich *Guckelberger*, RdJB 2012, 5 (13); *Stern*, Staatsrecht IV/2, S. 484 f.; Bezugnahme auf die Schuldefinition von *Heckel* auch in BVerfGE 75, 40 (77); VGH Baden-Württemberg, NVwZ-RR 2003, 561 (562); VGH Bayern, NVwZ-RR 1995, 38 (39).

[48] *Brosius-Gersdorf*, in: Dreier, Grundgesetz, Art. 7 Rn. 34 ff.

[49] Explizit VerfGHBW, Urteil vom 15.02.2016 – 1 VB 58/14, Rn. 64 (juris): „Allerdings ist der Begriff der ‚Schule' im Sinne von … Art. 7 Abs. 4 GG in der verfassungsgerichtlichen Rechtsprechung und Literatur noch nicht hinreichend geklärt."

[50] Näher unter A. I.

tagsangebot“ (Art. 7a Abs. 1 S. 3 BayEUG). *Offene* Ganztagsangebote an Schulen für SchülerInnen der Jahrgangsstufen 1 bis 4 (Grundschulen) setzen voraus, dass an mindestens 4 Wochentagen jeder vollen Unterrichtswoche ein ganztägiges Angebot für die SchülerInnen bereitgestellt wird und dass die Bildungs- und Betreuungsangebote unter der Aufsicht und Verantwortung der Schulleitung organisiert und durchgeführt werden (Art. 57 Abs. 2 BayEUG).[51] Das offene Ganztagsangebot stellt ein freiwilliges schulisches Angebot dar, an dem SchülerInnen nach Anmeldung im direkten Anschluss an den stundenplanmäßigen Unterricht teilnehmen können.[52] An staatlichen Schulen wird das offene Ganztagsangebot „als schulische Veranstaltung genehmigt und organisiert“.[53] *Gebundene* Ganztagsangebote an Grundschulen, Mittelschulen oder Gymnasien erfordern die Bereitstellung eines ganztägigen Bildungs- und Betreuungsangebotes mit einem durchgehend strukturierten Aufenthalt an der Schule bis grundsätzlich 16.00 Uhr an mindestens 4 Wochentagen jeder vollen Unterrichtswoche, das für die SchülerInnen an allen 4 Wochentagen verpflichtend ist.[54] Es muss ein konzeptioneller Zusammenhang zwischen den vormittäglichen und nachmittäglichen Aktivitäten der SchülerInnen bestehen; der Unterricht wird in einer eigenen Ganztagsklasse in rhythmisierter Form erteilt; und die Organisation und Durchführung des Bildungs- und Betreuungsangebotes erfolgen unter der Aufsicht und Verantwortung der Schulleitung (Art. 57 Abs. 2 BayEUG).[55]

Die Munich International School ist offene Ganztagsschule in den Jahrgangsstufen 1 bis 4 und gebundene Ganztagsschule in den Jahrgangsstufen 5 bis 12. Unter welchen Voraussetzungen solche Ganztagsangebote privater Bildungseinrichtungen Schule im Verfassungssinne (Art. 7 Abs. 1 und 4 GG) sind, ist nicht geklärt.[56] Insbesondere ist unklar, ob zwischen gebundenem und offenem Ganztag zu differen-

---

[51] Offene Ganztagsangebote an Schulen für Schülerinnen und Schüler der Jahrgangsstufen 1 bis 4. Bekanntmachung des Bayerischen Staatsministeriums für Unterricht und Kultus vom 30.03.2020, Az. IV.8-BO4207.2–6a.25 693, BayMBl. 2020 Nr. 227 vom 29.04.2020, Ziff. 1.1.

[52] Offene Ganztagsangebote an Schulen für Schülerinnen und Schüler der Jahrgangsstufen 1 bis 4. Bekanntmachung des Bayerischen Staatsministeriums für Unterricht und Kultus vom 30.03.2020, Az. IV.8-BO4207.2–6a.25 693, BayMBl. 2020 Nr. 227 vom 29.04.2020, Ziff. 1.2.

[53] Offene Ganztagsangebote an Schulen für Schülerinnen und Schüler der Jahrgangsstufen 1 bis 4. Bekanntmachung des Bayerischen Staatsministeriums für Unterricht und Kultus vom 30.03.2020, Az. IV.8-BO4207.2–6a.25 693, BayMBl. 2020 Nr. 227 vom 29.04.2020, Ziff. 1.3.

[54] Gebundene Ganztagsangebote an Schulen. Bekanntmachung des Bayerischen Staatsministeriums für Unterricht und Kultus vom 10.02.2020, Az. IV.8-BO4207.1–6a.10 155, BayMBl. 2020 Nr. 86 vom 26.02.2020, Ziff. 1.1.

[55] Gebundene Ganztagsangebote an Schulen. Bekanntmachung des Bayerischen Staatsministeriums für Unterricht und Kultus vom 10.02.2020, Az. IV.8-BO4207.1–6a.10 155, BayMBl. 2020 Nr. 86 vom 26.02.2020, Ziff. 1.1.

[56] S. zur Diskussion etwa *Bumke*, NVwZ 2005, 519 ff.; *Broosch*, Ganztagsschule und Grundgesetz, S. 22 ff.; *Schmahl*, DÖV 2006, 885 (892); *Tettinger*, NWVBl. 2005, 332 (334); *Brosius-Gersdorf*, in: Dreier, Grundgesetz, Art. 7 Rn. 33, 38.

zieren ist und ob innerhalb der Ganztagsangebote zwischen Unterrichtsangeboten (Schule?) und Betreuungsangeboten (Kindertageseinrichtung?) unterschieden werden muss. Die Frage kann auch im Rahmen dieser Untersuchung nicht generell geklärt werden.

Im Freistaat Bayern spricht für die Zuordnung sowohl der offenen als auch der gebundenen Ganztagsschule zum Bereich der Schule i. S. d. Art. 7 Abs. 1 und 4 GG, dass die Ganztagsangebote von Grundschulen und weiterführenden Schulen nach dem Bayerischen Gesetz über das Erziehungs- und Unterrichtswesen als schulische Angebote und nicht als Angebote von Kindertageseinrichtungen gelten. Der Gesetzgeber bezeichnet die Angebote ausdrücklich als „schulische" Ganztagsangebote, die auf Antrag des „Schulaufwandsträgers" eingerichtet werden (Art. 6 Abs. 4 S. 1 BayEUG). Dementsprechend werden sie von „Schülerinnen und Schülern" in Anspruch genommen (Art. 6 Abs. 4 S. 2 und 6 BayEUG). Der Gesetzgeber stellt die „schulischen Ganztagsangebote" den „Leistungen der Jugend- bzw. Eingliederungshilfe" nach dem SGB VIII bzw. SGB XII gegenüber, die nach herkömmlichem Verständnis nicht Schule i. S. d. Art. 7 Abs. 1 und 4 GG sind.[57] Dementsprechend geht auch das Bayerische Staatsministerium für Bildung und Kultus, Wissenschaft und Kunst in seinen Bekanntmachungen zur offenen und gebundenen Ganztagsschule davon aus, dass sämtliche Bildungs- und Betreuungselemente im Rahmen von Ganztagsangeboten Schule sind – und nicht Angebote der Kinder- und Jugendhilfe i. S. d. SGB VIII und SGB XII. So sind das offene und das gebundene Ganztagsangebot ein „schulisches Angebot" und werden „als schulische Veranstaltung" genehmigt und organisiert.[58]

Für die Qualifizierung der gebundenen Ganztagsangebote der Munich International School im Rahmen ihrer Mittel- und Oberschule als Schule im Verfassungssinne (Art. 7 Abs. 1 und 4 GG) spricht des Weiteren, dass das Angebot in rhythmisierter Form erfolgt, sodass ein konzeptioneller Zusammenhang zwischen den vormittäglichen und nachmittäglichen Angeboten besteht. Unterricht und Betreuung stehen nicht als zwei verschiedene, unverbundene Blöcke nebeneinander, sondern sind zeitlich, personell, sächlich und organisatorisch eng miteinander verknüpft. Die Betreuungselemente, die für sich genommen als Nicht-Schule zu qualifizieren sein könnten, lassen sich nicht von den Unterrichtseinheiten, die Schule sind, trennen. Die Unterrichts- und Betreuungselemente bilden ein einheitliches, konzeptionell zusammenhängendes Angebot, das insgesamt als Schule im Verfassungssinne (Art. 7 Abs. 1 und 4 GG) anzusehen ist.[59]

---

[57] Näher unter C. II. 2.

[58] Offene Ganztagsangebote an Schulen für Schülerinnen und Schüler der Jahrgangsstufen 1 bis 4. Bekanntmachung des Bayerischen Staatsministeriums für Unterricht und Kultus vom 30.03.2020, Az. IV.8-BO4207.2–6a.25 693, BayMBl. 2020 Nr. 227 vom 29.04.2020, Ziff. 1.2, Ziff. 1.3; s. auch Ziff. 1.7. Gebundene Ganztagsangebote an Schulen. Bekanntmachung des Bayerischen Staatsministeriums für Unterricht und Kultus vom 10.02.2020, Az. IV.8-BO4207.1–6a.10 155, BayMBl. 2020 Nr. 86 vom 26.02.2020, Ziff. 2.8.1.

[59] Vgl. *Brosius-Gersdorf*, Das Sonderungsverbot für private Ersatzschulen, S. 106 ff.

2. Zweijähriger Kindergarten / Vorschule (Early Childhood)

Ob auch der zweijährige Kindergarten / Vorschule (Early Childhood) der Internationalen Schulen (Munich International School) die Merkmale einer Schule im Verfassungssinne erfüllt, ist dagegen zweifelhaft. Zwar ist er Teil der Junior School, zu der auch die Grundschule mit den Jahrgangsstufen 1 bis 4 gehört, die unzweifelhaft Schule im Verfassungssinne ist. Auch dienen Kindertageseinrichtungen sowohl nach dem Bayerischen Kinder*bildungs*- und Betreuungsgesetz (BayKiBiG) als auch nach der Verordnung zur Ausführung des Bayerischen Kinder*bildungs*- und -betreuungsgesetzes (Kinderbildungsverordnung – AVBayKiBiG) und dem Bayerischen *Bildungs*- und Erziehungsplan (BayBEP) sowie den Bayerischen *Bildungs*leitlinien nicht nur der Erziehung und Betreuung, sondern auch der Bildung von Kindern. Dem Kindergarten kommt ein eigenständiger Bildungsauftrag zu. Dementsprechend werden im Bereich Early Childhood der Munich International School durchaus vielfältiges Wissen und Können durch kommunikative, soziale, kognitive, motorische, naturwissenschaftliche, mathematische und sprachliche Bildungsarbeit sowie Kompetenzentwicklung in deutscher und englischer Sprache vermittelt. Jedoch wird nicht systematisch auf der Basis von Lehrplänen Unterricht in einer Vielzahl allgemeinbildender Fächer durch Lehrkräfte erteilt. Vielmehr finden im Rahmen von (Klein-)Gruppen sowie gruppenübergreifend neben Bildungsangeboten wie Schulanfängerprojekten auch Freispiel, diverse pädagogische Aktivitäten, Projekt- und Themenarbeit, Bewegungsangebote, Spielkreise sowie Kunst und Musik statt. Die Bildungs- und Betreuungsarbeit liegt dabei in den Händen von Erzieherinnen und Erziehern.[60]

Auf der Grundlage des herrschenden organisatorisch-formalen Schulbegriffes erfüllt daher der zweijährige Kindergarten / Vorschule der Munich International School nicht die Merkmale einer Schule i. S. d. Art. 7 Abs. 1 und 4 GG.[61] Vielmehr handelt es sich um eine Kindertageseinrichtung i. S. d. SGB VIII i. V. m. dem Bayerischen Kinderbildungs- und -betreuungsgesetz (BayKiBiG). Dementsprechend ist der Bereich Early Childhood der Munich International School als Kindertageseinrichtung gem. § 45 SGB VIII genehmigt und untersteht der Aufsicht des Landratsamts Starnberg, Fachbereich Jugend und Sport.[62] Kindertageseinrichtungen sind nach allgemeiner Ansicht nicht schulische Einrichtungen[63] (s. auch Art. 22 Abs. 1 S. 1 BayEUG: „außerschulischen Einrichtungen (z. B. Kindergärten)").

---

[60] Näher: https://www.mis-munich.de.

[61] Vgl. ebenso bezogen auf den Betrieb einer Bildungseinrichtung in Bayern, die Schule und Kindergarten unter einem organisatorischen Dach zusammenfasst, *Jach*, in: Vogel/Knudsen, Bildung und Erziehung in freier Trägerschaft, Kap. 20 S. 70 f.

[62] Vgl.: https://www.mis-munich.de.

[63] S. nur *Jarass*, in: Jarass/Pieroth, Grundgesetz, Art. 7 Rn. 2; *Uhle*, in: Epping/Hillgruber, BeckOK Grundgesetz, Art. 7 Rn. 8; differenzierend dagegen *Brosius-Gersdorf*, in: Dreier, Grundgesetz, Art. 7 Rn. 32, 38, 41.

Nach dem funktionalen Schulbegriff lassen sich dagegen zumindest diejenigen Elemente des zweijährigen Kindergartens / Vorschule als Schule i. S. d. Art. 7 Abs. 1 und 4 GG qualifizieren, mit denen Kindern notwendige Bildung und bildungsbezogene Erziehung vermittelt wird, die sie auf einen reibungslosen Übergang in die Grundschule vorbereiten und letztlich für ihre erfolgreiche Teilhabe an späterer Ausbildung, Studium und Beruf sorgen. Der funktionale Schulbegriff hat sich aber bislang nicht durchgesetzt.

3. Außerunterrichtliches Nachmittagsangebot

Von der Qualifizierung des (offenen und gebundenen) Ganztagsangebotes der Unterrichtseinrichtungen der Internationalen Schulen als Schule i. S. d. Art. 7 Abs. 1 und 4 GG ist zu unterscheiden, ob auch ihr (weiteres) Nachmittagsangebot (After School Activities, Athletics und After School Care) zum Bereich der Schule im verfassungsrechtlichen Sinne zählt. Die Munich International School bietet ihren Schülerinnen und Schülern neben dem (vormittäglichen und) nachmittäglichen Unterrichts- und Betreuungsangebot im Rahmen ihrer offenen (Grundschule) und gebundenen (Mittel- und Oberschule) Ganztagsschule umfangreiche weitere Nachmittagsaktivitäten an.[64] Die Inanspruchnahme dieser Nachmittagsprogramme steht den Schülerinnen und Schülern frei, d. h., sie ist fakultativ und nicht notwendig mit dem Besuch der Grund-, Mittel- oder Oberschule verknüpft.[65] Dementsprechend erhebt die Munich International School zur Finanzierung der Nachmittagsprogramme im Fall ihrer Buchung von den Eltern Kostenbeiträge, die neben das Schulgeld für den Besuch der Grund-, Mittel- und Oberschule treten und unabhängig von ihm sind.[66]

Auf der Grundlage des vorherrschenden organisatorisch-formalen Schulbegriffes gehören diese Nachmittagsangebote der Munich International School (After School Activities, Athletics und After School Care) nicht zum Bereich der Schule i. S. d. Art. 7 Abs. 1 und 4 GG. Zwar weist das Nachmittagsprogramm durchaus Bildungsangebote für die SchülerInnen auf wie Förderprogramme für lernschwächere SchülerInnen, Deutsch- und Muttersprachenangebote, Kunst-, Musik- und Sportprogramme sowie naturwissenschaftliche Laborarbeit.[67] Jedoch wird nicht systematisch auf der Basis von Lehrplänen Unterricht in einer Vielzahl allgemeinbildender Fächer durch Lehrkräfte erteilt, was nach dem organisatorisch-formalen Schulbegriff Voraussetzung für Schule i. S. d. Art. 7 Abs. 1 und 4 GG ist. Dementsprechend werden im Schrifttum – unter Zugrundelegung des organisatorisch-for-

---

[64] Näher unter A. I.

[65] S. unter A. I.

[66] Dazu oben A. I.

[67] S. unter A. I.

malen Schulbegriffes – z. B. Nachhilfeunterricht,[68] Vortragsreihen[69] sowie Arbeitsgemeinschaften und Arbeitskreise[70] nicht als Schule gem. Art. 7 Abs. 1 und 4 GG angesehen. Dagegen werden schulergänzende, im inneren Zusammenhang mit dem Schulehalten stehende Veranstaltungen wie Schultheater, -musik, -werkstätten, -reisen und -feste zum Teil als Schule im verfassungsrechtlichen Sinne qualifiziert.[71] Dabei ist allerdings unklar, ob das nur für schulergänzende Veranstaltungen im Rahmen von Ganztagsschule oder auch für zusätzliche Angebote außerhalb von schulischen Ganztagsangeboten gelten soll.

Nur auf der Grundlage eines funktionalen Verständnisses des Verfassungsbegriffes der Schule lassen sich einzelne Angebote im Rahmen des Nachmittagsprogrammes der Internationalen Schule als Schule im Verfassungssinne qualifizieren. Angebote, mit denen Kindern notwendige Bildung und bildungsbezogene Erziehung vermittelt wird, die ihnen schulischen Erfolg (in der Grund-, Mittel- und Oberschule) ermöglichen und letztlich für ihre erfolgreiche Teilhabe an späterer Ausbildung, Studium und Beruf sorgen, sind funktional Schule i. S. d. Art. 7 Abs. 1 und 4 GG.

III. Verfassungsbegriff der Ersatzschule in Abgrenzung zur Ergänzungsschule (Art. 7 Abs. 4 S. 2 GG)

Mit Blick auf die verfassungsrechtliche Zweiteilung des Privatschulwesens[72] ist zu klären, ob die Internationalen Schulen in Bayern (hier: Grund-, Mittel- und Oberschule der Munich International School) Ersatz- oder Ergänzungsschulen sind. Als Ersatzschulen unterlägen sie einem Genehmigungsvorbehalt (Art. 7 Abs. 4 S. 2 GG) und hätten sie unter den Voraussetzungen des Art. 7 Abs. 4 S. 3 und 4 GG einen Anspruch auf Genehmigung. Genehmigte Ersatzschulen muss der Freistaat Bayern durch Finanzhilfe fördern (Art. 7 Abs. 4 GG). An ihnen kann die Schulpflicht erfüllt werden (s. auch Art. 35 BayEUG). Ergänzungsschulen unterliegen dagegen keiner Genehmigungspflicht; sie haben aber auch keinen verfassungsrechtlichen Anspruch

---

[68] *Uhle*, in: Epping/Hillgruber, BeckOK Grundgesetz, Art. 7 Rn. 8; *Jarass*, in: Jarass/Pieroth, Grundgesetz, Art. 7 Rn. 2; *Geis*, in: Friauf/Höfling, Berliner Kommentar zum Grundgesetz, Art. 7 Rn. 13.

[69] *Jarass*, in: Jarass/Pieroth, Grundgesetz, Art. 7 Rn. 2.

[70] *Uhle*, in: Epping/Hillgruber, BeckOK Grundgesetz, Art. 7 Rn. 8 mit weiteren Nachweisen.

[71] *Jarass*, in: Jarass/Pieroth, Grundgesetz, Art. 7 Rn. 2; *Uhle*, in: Epping/Hillgruber, BeckOK Grundgesetz, Art. 7 Rn. 10; vgl. auch *Jestaedt*, in: Isensee/Kirchhof, Handbuch des Staatsrechts VII, § 156 Rn. 37; ferner BVerfG, NJW 2009, 3151 (3152): Schul-Theaterprojekt und Schul-Karnevalsveranstaltung.

[72] S. unter C. I.

auf Finanzhilfe vom Staat. Auch kann an ihnen nicht die Schulpflicht erfüllt werden.[73]

Wie der Verfassungsbegriff der Ersatzschule i. S. d. Art. 7 Abs. 4 S. 2 GG zu verstehen und von dem (Gegen-)Begriff der Ergänzungsschule abzugrenzen ist, ist nicht abschließend geklärt. Das Grundgesetz selbst enthält keine Definition der Begriffe Ersatzschule und Ergänzungsschule. Die Bayerische Verfassung, die in Art. 134 Anforderungen an Privatschulen nennt, differenziert nicht einmal ausdrücklich zwischen Ersatz- und Ergänzungsschulen.[74] Art. 91 BayEUG, wonach Ersatzschulen private Schulen sind, „die in ihren Bildungs- und Erziehungszielen öffentlichen im Freistaat Bayern vorhandenen oder vorgesehenen Schulen entsprechen", vermag als im Rang unter dem Bundesverfassungsrecht stehende landesgesetzliche Regelung zur Definition des Verfassungsbegriffes der Ersatzschule nichts beizutragen.[75]

Zunächst wird herausgearbeitet, wie der Verfassungsbegriff der Ersatzschule in der Rechtsprechung und im Schrifttum interpretiert wird (s. Ziff. 1.). Anschließend wird der Verfassungsbegriff der Ersatzschule mit Blick auf die Besonderheiten Internationaler Schulen weiterentwickelt und präzisiert (s. Ziff. 2.).

1. Begriff der Ersatzschule i. S. d. Art. 7 Abs. 4 S. 2 GG in Rechtsprechung und Schrifttum

a) Akzessorietät des Ersatzschulwesens zum öffentlichen Schulwesen

In der Rechtsprechung und im Schrifttum besteht weitgehend Einigkeit darüber, dass verfassungsrechtlich zwischen dem Begriff der Ersatzschule (Art. 7 Abs. 4 S. 2 GG: „Private Schulen als Ersatz für öffentliche Schulen") und den – systematisch nachgelagerten – Voraussetzungen für die Erteilung einer Ersatzschulgenehmigung (Art. 7 Abs. 4 S. 3 und 4 GG) zu differenzieren ist.[76] Ob private Schulen als Ersatz für öffentliche Schulen zuzulassen sind, sodass ihnen in der Konsequenz Finanzhilfe vom Staat und das Recht zur Aufnahme schulpflichtiger SchülerInnen zusteht,[77] beurteilt sich in zwei aufeinanderfolgenden Schritten: Private Schulen müssen *erstens* die Voraussetzungen des verfassungsrechtlichen Begriffes der Ersatzschule

[73] Hierzu insgesamt näher unter C. I.

[74] S. unter C. IV. 1.

[75] S. unter C. IV. 2.

[76] Explizit differenzieren etwa BVerfGE 75, 40 (76 f.); BVerwGE 112, 263 (270 f.); 145, 333 (338 f.); OVG Sachsen, Urteil vom 03.11.2015 – 2 C 3/13, Rn. 50 (juris); Beschluss vom 20.06.2013 – 2 B 317/13, Rn. 31 (juris); *Kösling*, Die private Schule gemäß Art. 7 Abs. 4, 5 GG, S. 164; *Kümper*, VerwArch 107 (2016), 120 (130 f.); *Vogel*, DÖV 2008, 895 (897); *Vogel*, DÖV 1992, 505 (507).

[77] Näher unter E.

nach Art. 7 Abs. 4 S. 2 GG erfüllen; sofern dies der Fall ist, (können und) müssen *zweitens* die Anforderungen an die Genehmigung einer Ersatzschule gem. Art. 7 Abs. 4 S. 3 und 4 GG vorliegen. Die Prüfung, ob eine private Schule verfassungsrechtlich als Ersatzschule anzusehen ist (Art. 7 Abs. 4 S. 2 GG), ist der Prüfung der Genehmigungsvoraussetzungen (Art. 7 Abs. 4 S. 3 und 4 GG) vorgelagert. Private Schulen, die nicht die Begriffsmerkmale einer Ersatzschule i. S. d. Art. 7 Abs. 4 S. 2 GG erfüllen, sind Ergänzungsschulen (Art. 7 Abs. 4 S. 1 GG), die keiner Genehmigungsprüfung nach Art. 7 Abs. 4 S. 3 und 4 GG unterliegen. Private Schulen, bei denen die Begriffsmerkmale einer Ersatzschule i. S. d. Art. 7 Abs. 4 S. 2 GG vorliegen, die aber nicht die Genehmigungsvoraussetzungen des Art. 7 Abs. 4 S. 3 und 4 GG erfüllen, sind nach allgemeiner Ansicht unzulässig. Nicht genehmigte („schlechte") Ersatzschulen dürfen nicht als Ergänzungsschulen betrieben werden.[78]

Desgleichen ist konsentiert, dass der Begriff der Ersatzschule in Art. 7 Abs. 4 S. 2 GG abschließend geregelt und deshalb ausschließlich bundesverfassungsrechtlich zu bestimmen ist. Ob eine Privatschule Ersatzschule i. S. d. Art. 7 Abs. 4 S. 2 GG ist, „bestimmt sich allein nach Bundesverfassungsrecht."[79] Dem Landesgesetzgeber ist „der durch Art. 7 Abs. 4 GG abschließend normierte Ersatzschulbegriff verfassungsrechtlich bindend vorgegeben".[80] Ihm steht „keine ergänzende Bestimmungsbefugnis zu",[81] sondern er darf die verfassungsrechtlichen Merkmale des Ersatzschulbegriffes lediglich konkretisieren.[82]

Wie indes der Begriff der Ersatzschule in Art. 7 Abs. 4 S. 2 GG verfassungsrechtlich zu definieren und von der Ergänzungsschule abzugrenzen ist, ist nicht abschließend geklärt. In der Rechtsprechung und im Schrifttum werden unterschiedliche Standpunkte vertreten, wobei die für die Internationalen Schulen maßgeblichen Fragen kaum erörtert, geschweige beantwortet sind.

Sowohl die Rechtsprechung als auch das Schrifttum versteht unter Ersatzschulen „Privatschulen, die nach dem mit ihrer Errichtung verfolgten Gesamtzweck als Ersatz für eine in dem Land vorhandene oder grundsätzlich vorgesehene öffentliche Schule dienen sollen".[83] Sie unterscheiden sich damit von Ergänzungsschulen, für

---

[78] Vgl. nur *Heckel*, Deutsches Privatschulrecht, S. 269; *Vogel*, DÖV 2008, 895 (898).

[79] BVerfGE 90, 128 (139); im Ergebnis ebenso BVerwGE 145, 333 (337); *Müller*, Das Recht der Freien Schule, S. 306 ff.; *Badura*, in: Maunz/Dürig, Grundgesetz, Art. 7 Rn. 112; *Kümper*, DÖV 2015, 864 (865).

[80] BVerfGE 90, 128 (139); BVerwGE 145, 333 (337); OVG Sachsen, Urteil vom 03.11. 2015 – 2 C 3/13, Rn. 49 (juris); *Müller*, Das Recht der Freien Schule, S. 306 ff.

[81] BVerwGE 145, 333 (337).

[82] S. nur *Müller*, Das Recht der Freien Schule, S. 308.

[83] S. nur BVerfGE 27, 195 (201 f.); 75, 40 (76); 90, 128 (139); BVerfG, NVwZ 2011, 1384 (1385) – ständige Rechtsprechung; BVerwGE 104, 1 (8); 112, 263 (266); 145, 333 (337); OVG Sachsen, Urteil vom 31.03.2015 – 2 A 758/13, Rn. 17 (juris); OVG Sachsen-Anhalt, Urteil vom 22.06.2006 – 3 K 3/05, Rn. 42 (juris); *Kümper*, DÖV 2015, 864 (865); vgl. auch bereits *Heckel*, Deutsches Privatschulrecht, S. 267.

die vergleichbare öffentliche Schulen in der Regel nicht bestehen[84] und die daher staatliche Schulangebote nicht ersetzen können.[85] Welche öffentlichen Schulen im Land bestehen oder vorgesehen sind, für die private Schulen Ersatz sein können, legt wegen der Gesetzgebungskompetenz der Länder für das Schulwesen (Art. 70 Abs. 1 GG; s. auch Art. 7 Abs. 4 S. 2 GG: „und unterstehen den Landesgesetzen") der jeweilige Landesgesetzgeber fest. Trotz der abschließenden Regelung des Begriffes der Ersatzschule in Art. 7 Abs. 4 S. 2 GG beeinflusst daher das Landesrecht „die praktische Reichweite des verfassungsrechtlichen Ersatzschulbegriffes, insofern es festlegt, welche öffentlichen Schulen es gibt, für die eine Privatschule Ersatz sein kann".[86] In diesem Sinne besteht nach allgemeiner Ansicht eine Akzessorietät der Ersatzschulen zu den öffentlichen Schulen.[87]

Damit ist zugleich festgelegt, dass es von der durch das jeweilige Landesrecht ausgestalteten Schulstruktur abhängt, welche privaten Schulen bundesverfassungsrechtlich nach Art. 7 Abs. 4 S. 2 GG Ersatzschulen sind.[88] Wegen der grundgesetzlichen Gesetzgebungszuständigkeit der Länder für das Schulrecht sind für den Ersatzcharakter einer freien Schule dabei grundsätzlich nur die Schulstrukturen des Landes maßgeblich, in dem die Schule ihren Sitz hat. Es stellt „kein entscheidendes Indiz für den Ersatzcharakter einer Privatschule dar, wenn andere Bundesländer die ... beantragte Privatschule als öffentliche Regelschule vorsehen".[89] Unterschiedliche Schulstrukturen in den verschiedenen Ländern sind verfassungsrechtlich zu respektieren und haben zur Folge, dass der Kreis der öffentlichen Schulen, für die private Schulen Ersatz sein können, von Land zu Land unterschiedlich sein kann.[90] Ob private Schulen Ersatz für die im jeweiligen Landesrecht vorgesehenen öffentlichen Schulen sein können, beurteilt sich aber ausschließlich nach Art. 7 Abs. 4 GG.

Wegen dieser Akzessorietät des Ersatzschulwesens zum öffentlichen Schulwesen hat das Bundesverfassungsgericht es als „nicht unproblematisch" bezeichnet, wenn

---

[84] BVerfGE 27, 195 (202); OVG Sachsen-Anhalt, Urteil vom 22.06.2006–3 K 3/05, Rn. 42 (juris); *Uhle*, in: Epping/Hillgruber, BeckOK Grundgesetz, Art. 7 Rn. 76.

[85] BVerwGE 145, 333 (337).

[86] Vgl. BVerfGE 27, 195 (201 f.); 90, 128 (139); BVerfG, NVwZ 2011, 1384 (1385); BVerwGE 104, 1 (7); 105, 20 (24); 145, 333 (337); OVG Sachsen, Urteil vom 31.03.2015–2 A 758/13, Rn. 17 f. (juris); Urteil vom 03.11.2015–2 C 3/13, Rn. 49 (juris).

[87] Zur Akzessorietät des Ersatzschulwesens zum öffentlichen Schulwesen statt aller BVerfGE 37, 314 (319); BVerfG, NVwZ 2011, 1384 (1385); BVerwGE 104, 1 (7); 145, 333 (337 f.); OVG Sachsen, Urteil vom 03.11.2015–2 C 3/13, Rn. 49 (juris); *Kümper*, DÖV 2015, 864 (865).

[88] BVerwGE 104, 1 (7); OVG Sachsen, Urteil vom 31.03.2015–2 A 758/13, Rn. 17 f. (juris); *Heckel*, Deutsches Privatschulrecht, S. 226; *Badura*, in: Maunz/Dürig, Grundgesetz, Art. 7 Rn. 115; *Brockmann*, in: Brockmann/Littmann/Schippmann, Niedersächsisches Schulgesetz, § 142 Ziff. 2.

[89] BVerwG, Urteil vom 18.12.1996–6 C 6/95 (BVerwGE 104, 1), Rn. 39 (juris).

[90] Vgl. BVerfGE 37, 314 (323); BVerwG, Urteil vom 18.12.1996–6 C 6/95 (BVerwGE 104, 1), Rn. 39 (juris); *Kümper*, VerwArch 107 (2016), 120 (141); *Hofmann*, in: Schmidt-Bleibtreu/Hofmann/Henneke, Grundgesetz, Art. 7 Rn. 55.

„in einem Bundesland entsprechende öffentliche Schulen nicht tatsächlich existieren oder gesetzlich vorgesehen sind".[91]

Verfassungsrechtlich ist dabei „keine strenge Akzessorietät zu fordern, insbesondere nicht im Bereich der weiterführenden Schulen".[92] Für die Einordnung einer privaten Schule als Ersatzschule genügt ein „Mindestmaß an Verträglichkeit mit vorhandenen Schulstrukturen einschließlich der damit verfolgten pädagogischen Ziele".[93] Kein Merkmal des Ersatzschulbegriffes des Art. 7 Abs. 4 S. 2 GG ist die Aufnahme schulpflichtiger SchülerInnen.[94] Ebenfalls nicht konstitutiv für den Ersatzschulbegriff „ist das nach Maßgabe des jeweiligen Landesrechts aus einer staatlichen Anerkennung folgende Recht, nach den für öffentliche Schulen geltenden Vorschriften Prüfungen abzuhalten und Zeugnisse zu erteilen".[95]

b) Merkmale für den Akzessorietätstest

Welche Merkmale der im Land vorgesehenen öffentlichen Schulen private Schulen erfüllen müssen, damit sie ihnen „im Gesamtzweck entsprechen" und ein „Mindestmaß an Verträglichkeit" mit den „vorhandenen Schulstrukturen einschließlich der damit verfolgten pädagogischen Ziele" gegeben ist, ist nicht geklärt. Versucht man, die Äußerungen in der Rechtsprechung und im Schrifttum zu systematisieren und zu kategorisieren, lassen sich im Wesentlichen zwei Ansätze unterscheiden: ein *organisatorisch-formaler Ansatz*, der eine Entsprechung privater Schulen mit den staatlichen Schularten sowie der Art und Dauer des Bildungsganges verlangt; und ein *materiell-funktionaler Ansatz*, der einzig auf den Inhalt der Bildungsgänge und die Abschlüsse abstellt.[96]

aa) Organisatorisch-formaler Ersatzschulbegriff: Entsprechung mit den Schulformen sowie der Art und Dauer des Bildungsganges staatlicher Schulen

Nach einem vor allem in der Rechtsprechung vertretenen Ansatz müssen private Schulen als Ersatz für öffentliche Schulen organisatorisch-formal den vom Landesgesetzgeber vorgesehenen Schularten und Bildungsgängen entsprechen. Namentlich das Bundesverwaltungsgericht beurteilt die Ersatzschuleigenschaft „pri-

---

[91] BVerfGE 75, 40 (77).

[92] BVerwGE 104, 1 (7); OVG Sachsen, Urteil vom 31.03.2015 – 2 A 758/13, Rn. 18 (juris); vgl. *Stern*, Staatsrecht IV/2, S. 529; vgl. auch *Heckel*, Deutsches Privatschulrecht, S. 268: keine bloße Kopie der öffentlichen Schule.

[93] BVerwGE 104, 1 (7); OVG Sachsen, Urteil vom 31.03.2015 – 2 A 758/13, Rn. 18 (juris).

[94] BVerfGE 75, 40 (76); *Vogel*, DÖV 1992, 505 (509); *Uhle*, in: Epping/Hillgruber, BeckOK Grundgesetz, Art. 7 Rn. 75.

[95] BVerwGE 145, 333 (337); vgl. BVerwGE 68, 185 (187 f.).

[96] Vgl. zu diesen beiden Ansätzen auch *Kümper*, VerwArch 107 (2016), 120 (125).

mär anhand äußerer Strukturmerkmale wie insbesondere der Schulform sowie der Art und Dauer des Bildungsgangs"[97] und der für sie typenprägenden Bestimmungen.[98] Der Ersatzschulbegriff führe „zum Ausschluss der Genehmigungsfähigkeit solcher privater Schulen, für die es im öffentlichen Schulwesen ihrer Art nach keine Entsprechung gibt".[99] Pädagogisch-konzeptionelle Gegebenheiten sollen grundsätzlich nicht auf der Ebene des Ersatzschulbegriffes (Art. 7 Abs. 4 S. 2 GG), sondern erst bei der systematisch nachgelagerten Prüfung der Genehmigungsvoraussetzungen (Art. 7 Abs. 4 S. 3 und 4 GG) zu berücksichtigen sein.[100]

Die danach gebotene Akzessorietät privater Ersatzschulen zu den landesgesetzlich vorgesehenen Schulformen verlangt aber keine exakte Deckungsgleichheit; gefordert wird nicht „strenge Akzessorietät".[101] Nach der Judikatur des Bundesverwaltungsgerichtes führt der Ersatzschulbegriff nur „zum Ausschluss der Genehmigungsfähigkeit solcher Privatschulen, die in so gravierender Weise von den im öffentlichen Schulwesen verbreiteten Typen abweichen – beispielsweise durch Ausrichtung der Ausbildung auf staatlich nicht geregelte Abschlüsse –, dass es aus dem Blickwinkel der staatlichen Schulhoheit von vornherein nicht vertretbar wäre, ihren Besuch dem Besuch einer öffentlichen Schule gleichzustellen und als Erfüllung der Schulpflicht zu werten."[102]

Auch nach der Judikatur des Bundesverfassungsgerichtes und der ihm folgenden Verwaltungsgerichte bezieht sich „die Akzessorietät der Ersatzschulen zu den öffentlichen Schulen ... nicht notwendigerweise auf eine formale Entsprechung zu den jeweils im Landesrecht typisierten Schularten und -formen, sondern auf eine Entsprechung in deren Gesamtzweck".[103]„Die Typologie der Ersatzschule muss die öffentlichen Schulformen nicht schlicht reflektieren."[104]

---

[97] BVerwGE 145, 333 (Leitsatz 1 und 338) mit Klarstellung gegenüber BVerwGE 104, 1; s. auch OVG Sachsen, Beschluss vom 20.06.2013 – 2 B 317/13, Rn. 31 (juris): Maßgeblichkeit der Schularten, Schulstufen und Bildungsgänge samt normativ festgelegten Abschlüssen; ebenso Urteil vom 03.11.2015 – 2 C 3/13, Rn. 50 (juris). Aus dem Schrifttum für eine Entsprechung privater Schulen mit den wesentlichen Merkmalen der Schularten des öffentlichen Schulwesens *Avenarius/Hanschmann*, Schulrecht, S. 299.

[98] BVerwGE 112, 263 (267).

[99] OVG Sachsen, Beschluss vom 20.06.2013 – 2 B 317/13, Rn. 31 (juris); Urteil vom 03.11.2015 – 2 C 3/13, Rn. 50 (juris).

[100] BVerwGE 145, 333 (338) bezogen auf die monoedukative Ausrichtung einer Schule und mit Klarstellung gegenüber BVerwGE 104, 1. Pädagogisch-konzeptionelle Gegebenheiten einer Privatschule sind in die Prüfung der Ersatzschuleigenschaft nur ausnahmsweise dann einzubeziehen, wenn die Privatschule im Hinblick auf äußere Strukturmerkmale von den im öffentlichen Schulwesen vorhandenen oder grundsätzlich vorgesehenen Typen abweicht, s. BVerwGE 145, 333 (Leitsatz 1).

[101] S. bereits oben bei und in Fn. 92.

[102] BVerwGE 145, 333 (338); OVG Sachsen, Urteil vom 31.03.2015 – 2 A 758/13, Rn. 18 (juris).

[103] BVerfG, NVwZ 2011, 1384 (1385); vgl. auch BVerfGE 27, 195 (201); 90, 128 (139 f.); BVerwG, Urteil vom 18.12.1996 – 6 C 6/95 (BVerwGE 104, 1), Rn. 40 (juris); OVG Lüneburg,

Dabei hat das Bundesverfassungsgericht für den Ersatzschulbegriff i. S. d. Art. 7 Abs. 4 S. 2 GG im Fall einer privaten Volksschule genügen lassen, dass sie am Ende des vorgesehenen Bildungsganges die im Landesschulrecht für die öffentliche Grundschule getroffenen Aussagen über die zu vermittelnde Qualifikation im Sinne eines Gesamtergebnisses erreicht.[105] Die Möglichkeit des Überwechselns von der privaten an eine öffentliche Schule zum Ende jeder einzelnen Jahrgangsklasse (sog. Durchlässigkeitsprinzip) sei nicht erforderlich für die Eigenschaft als Ersatzschule.[106] Maßgeblich sei die Entsprechung hinsichtlich der zum Ende des Bildungsganges vermittelten Kenntnisse und Fähigkeiten.[107] Entsprechend stellt das Bundesverwaltungsgericht für die im Landesschulrecht genannten Schularten und die für sie typenprägenden Bestimmungen auf Aussagen über den Bildungsweg und die vermittelte Qualifikation ab.[108]

Dem entspricht es, dass die privaten Montessori- und Waldorfschulen seit jeher als Ersatzschulen gelten, obwohl ihnen wegen der praktizierten Jahrgangsmischung zum Teil kein Schultyp im öffentlichen Schulwesen korrespondiert.[109] Auch heben die Gerichte darauf ab, dass die Montessori- und Waldorfschulen am Ende der von ihnen angebotenen Bildungsgänge zu den im Landesschulrecht für das öffentliche Schulwesen vorgesehenen Qualifikationen hinführen sollten.[110]

Und auch Abweichungen von der Dauer des Bildungsganges öffentlicher Schulen stehen der Einordnung privater Schulen als Ersatzschulen nicht entgegen, wenn sie nicht mit einer Abweichung von der pädagogischen Gesamtkonzeption einhergehen,[111] was bei mangelnder Vergleichbarkeit der Bildungsergebnisse der Fall ist.[112] Eine von öffentlichen Schulformen abweichende Länge des Bildungsganges hindert die Genehmigungsfähigkeit als Ersatzschule nicht, solange die private Schule nach dem mit ihrer Errichtung verfolgten Gesamtzweck der öffentlichen Schule gleichwertig ist.[113] Dementsprechend steht die Einrichtung einer dreijährigen gymnasialen Oberstufe an einem privaten Gymnasium einer Genehmigung als Ersatzschule auch dann nicht entgegen, wenn die gymnasiale Oberstufe bei den im Land bestehenden öffentlichen Gymnasien regelmäßig nur 2 Schuljahre umfasst. Private Gymnasien

---

Beschluss vom 01.09.2015–2 LA 81/15, Rn. 48 (juris); OVG Sachsen, Urteil vom 31.03.2015–2 A 758/13, Rn. 18 (juris).

[104] OVG Sachsen, Urteil vom 31.03.2015–2 A 758/13, Rn. 18 (juris).

[105] BVerfG, NVwZ 2011, 1384 (1385); vgl. BVerfGE 90, 128 (140).

[106] BVerwGE 112, 263 (273).

[107] BVerfGE 90, 128 (140).

[108] BVerwGE 112, 263 (267).

[109] BVerwGE 112, 263 (266 f.); vgl. auch BVerfGE 90, 128 (139 f.).

[110] BVerfGE 90, 128 (139 f.); BVerwGE 112, 263 (267).

[111] Vgl. BVerwGE 145, 333 (339 f.); OVG Sachsen, Urteil vom 31.03.2015–2 A 758/13, Rn. 18 (juris).

[112] Vgl. *Wißmann*, in: Kahl/Waldhoff/Walter, Bonner Kommentar zum Grundgesetz, Art. 7 Rn. 201.

[113] Näher *Brosius-Gersdorf/Krafczyk*, RdJB 2019, 385 (388 ff.).

können auch dann Ersatz für öffentliche Gymnasien sein, wenn die Länge ihres Bildungsganges mit 9 Schuljahren (G9) die Länge des Bildungsganges öffentlicher Gymnasien um ein Jahr übersteigt (G8).[114]

bb) Materiell-funktionaler Ersatzschulbegriff: Entsprechung mit dem Inhalt des Bildungsganges und mit Abschlüssen staatlicher Schulen

Im Schrifttum wird dagegen ganz überwiegend vertreten, dass es für den Ersatzschulbegriff des Art. 7 Abs. 4 S. 2 GG nicht auf eine organisatorisch-formale Entsprechung privater Schulen mit der Schulart sowie der Art und Dauer des Bildungsganges öffentlicher Schulen ankomme, sondern ausschließlich auf eine inhaltliche Entsprechung mit dem vorgesehenen Bildungsgang und Abschluss (materiell-funktionaler Ersatzschulbegriff).[115] Für die Eigenschaft einer Privatschule als Ersatzschule sei allein maßgeblich, ob die von ihr angestrebten Ausbildungsgänge und Abschlüsse, also der angestrebte Bildungserfolg,[116] inhaltlich denjenigen des staatlichen Schulwesens entsprechen.[117] Ersatzschulen müssten „ein im Vergleich zu entsprechenden öffentlichen Schulen substantiell gleichwertiges Bildungs- und Erziehungsangebot prästieren und damit auf die Abschlüsse vorbereiten, die die entsprechenden öffentlichen Schulen anbieten."[118] Es müsse hinsichtlich der am Ende einer schulischen Ausbildung stehenden Kenntnisse und Fähigkeiten sowie Befähigungsnachweise eine Vergleichbarkeit zwischen privaten und öffentlichen Schulen im Sinne eines gleichen „Endergebnisses"[119] und „Leistungsstands"[120] ge-

---

[114] OVG Sachsen, Urteil vom 31.03.2015 – 2 A 758/13 (juris), bestätigt durch BVerwG, Beschluss vom 07.09.2015 – 6 B 35/15 (juris); s. auch *Brosius-Gersdorf/Krafczyk*, RdJB 2019, 385 (388 ff.). Anderer Ansicht *Avenarius/Hanschmann*, Schulrecht, S. 300.

[115] So v. a. *Müller*, Das Recht der Freien Schule, S. 307 ff.; *Jach*, in: Vogel/Knudsen, Bildung und Erziehung in freier Trägerschaft, Kap. 20 S. 65 ff.; *Stern*, Staatsrecht IV/2, S. 530; *Kümper*, VerwArch 107 (2016), 120 (128 ff.); *Rennert*, DVBl. 2001, 504 (514); *Hofmann*, in: Schmidt-Bleibtreu/Hofmann/Henneke, Grundgesetz, Art. 7 Rn. 46a; *Wißmann*, in: Kahl/Waldhoff/Walter, Bonner Kommentar zum Grundgesetz, Art. 7 Rn. 198, 200, 202; *Brosius-Gersdorf*, Die Verwaltung 45 (2012), 389 (415); *Jestaedt*, in: Isensee/Kirchhof, Handbuch des Staatsrechts VII, § 156 Rn. 50; *Vogel*, DÖV 1992, 505 (509 ff.); *Keller/Krampen/Surwehme*, in: Keller/Krampen, Das Recht der Schulen in freier Trägerschaft, Kap. 4 Rn. 5.

[116] *Brosius-Gersdorf*, Die Verwaltung 45 (2012), 389 (415); *Wißmann*, in: Kahl/Waldhoff/Walter, Bonner Kommentar zum Grundgesetz, Art. 7 Rn. 198; dezidiert ablehnend *Avenarius/Hanschmann*, Schulrecht, S. 299 ff.; s. auch *Avenarius*, in: Avenarius – Pieroth/Barczak, Die Herausforderung des öffentlichen Schulwesens durch private Schulen, S. 9 (29).

[117] *Hofmann*, in: Schmidt-Bleibtreu/Hofmann/Henneke, Grundgesetz, Art. 7 Rn. 46a; *Robbers*, in: v. Mangoldt/Klein/Starck, Grundgesetz, Art. 7 Rn. 181; *Kümper*, VerwArch 107 (2016), 120 (128, 132 ff.).

[118] *Jestaedt*, in: Isensee/Kirchhof, Handbuch des Staatsrechts VII, § 156 Rn. 50.

[119] *Jach*, in: Vogel/Knudsen, Bildung und Erziehung in freier Trägerschaft, Kap. 20 S. 65.

[120] *Jach*, in: Vogel/Knudsen, Bildung und Erziehung in freier Trägerschaft, Kap. 20 S. 67.

geben sein.[121] Die Ausbildung müsse nach ihrem Konzept im Gesamtergebnis zu vergleichbaren Abschlüssen führen.[122]

Protagonist dieses materiell-funktionalen Ersatzschulbegriffes ist *F. Müller*, der die Ersatzschule i. S. d. Art. 7 Abs. 4 S. 2 GG definiert als „eine Schule, die bei funktional analogem Ausbildungs*typus* – zu einem Abschluss entsprechend dem Hauptschulabschluss führend, zu einem mittleren Abschluss führend, zur Allgemeinen Hochschulreife führend, und so weiter – in diesem Sinne als ‚Ersatz *für*' die entsprechenden öffentlichen Schulen wirksam ist."[123] Als „Ersatz für öffentliche Schulen" (s. Art. 7 Abs. 4 S. 2 GG) würde eine private Schule demnach erst entfallen, wenn es im öffentlichen Schulwesen überhaupt keinen Haupt-, Mittel- oder Gymnasialabschluss mehr gäbe, wenn also das gesamte staatliche Berechtigungswesen wegfiele[124] – ein zugegebenermaßen hypothetischer Fall.[125]

Auf der Grundlage dieses materiell-funktionalen Ersatzschulbegriffes sind Abweichungen von den landesrechtlich vorgesehenen Schularten[126] und der Länge des Bildungsganges[127] ebenso irrelevant wie die staatlichen Lehrpläne und Stundentafeln,[128] die staatlichen Lehr- und Erziehungsmethoden,[129] die Möglichkeit eines Überwechselns von der privaten an eine öffentliche Schule zum Ende jeder einzelnen Jahrgangsklasse (Durchlässigkeitsprinzip)[130] sowie sonstige Einzelheiten des inneren Schulbetriebs und -aufbaus.[131] Auch eine Akzessorietät von Halbtags- und

---

[121] *Müller*, Das Recht der Freien Schule, S. 313; *Jach*, in: Vogel/Knudsen, Bildung und Erziehung in freier Trägerschaft, Kap. 20 S. 65; *Robbers*, in: v. Mangoldt/Klein/Starck, Grundgesetz, Art. 7 Rn. 181.

[122] *Jach*, in: Vogel/Knudsen, Bildung und Erziehung in freier Trägerschaft, Kap. 20 S. 71; *Müller*, Das Recht der Freien Schule, S. 313; vgl. *Vogel*, DÖV 2008, 895 (898); *Keller/Krampen/Surwehme*, in: Keller/Krampen, Das Recht der Schulen in freier Trägerschaft, Kap. 4 Rn. 5.

[123] *Müller*, Das Recht der Freien Schule, S. 308.

[124] *Müller*, Das Recht der Freien Schule, S. 308 f.

[125] *Müller*, Das Recht der Freien Schule, S. 309: „hypothetische(r) Extremfall".

[126] *Vogel*, DÖV 2008, 895 (898); *Vogel*, DÖV 1992, 505 (512); *Kümper*, VerwArch 107 (2016), 120 (128, 135, 137); *Jach*, in: Vogel/Knudsen, Bildung und Erziehung in freier Trägerschaft, Kap. 20 S. 65, 68 ff.

[127] *Kümper*, VerwArch 107 (2016), 120 (128, 135, 137); *Vogel*, DÖV 2008, 895 (898).

[128] BVerwGE 112, 263 (269); BVerwG, NVwZ-RR 2019, 686 (689); *Brosius-Gersdorf*, Die Verwaltung 45 (2012), 389 (417 f.); *Wißmann*, in: Kahl/Waldhoff/Walter, Bonner Kommentar zum Grundgesetz, Art. 7 Rn. 201; *Kümper*, VerwArch 107 (2016), 120 (140); *Jach*, in: Vogel/Knudsen, Bildung und Erziehung in freier Trägerschaft, Kap. 20 S. 67.

[129] *Robbers*, in: v. Mangoldt/Klein/Starck, Grundgesetz, Art. 7 Rn. 181.

[130] *Jach*, in: Vogel/Knudsen, Bildung und Erziehung in freier Trägerschaft, Kap. 20 S. 65; ebenso BVerwGE 112, 263 (273), s. bereits oben bei und in Fn. 106.

[131] *Müller*, Das Recht der Freien Schule, S. 309.

Ganztagsschule ist aus der Sicht des materiell-funktionalen Ersatzschulbegriffes nicht gefordert.[132]

Trotz Maßgeblichkeit der durch die Privatschule vermittelten Kenntnisse und Fähigkeiten sowie der – soweit in dem betreffenden Bildungsgang vorgesehen – Abschlüsse für den materiell-funktionalen Ersatzschulbegriff setzt „die verfassungsrechtliche Eigenschaft einer Ersatzschule … nicht voraus, dass ihre Abschlüsse staatlich anerkannt werden können".[133] Die Vergabe von Abschlüssen und sonstigen Berechtigungen ist für den Ersatzschulbegriff nicht konstitutiv;[134] für den Ersatzschulstatus genügt die Vorbereitung der privaten Schulen auf eine NichtschülerInnenprüfung.[135]

Da der Ersatzschulbegriff nicht formal-organisatorisch, sondern materiell-funktional zu verstehen sei, sei der Landesgesetzgeber nach zum Teil vertretener Ansicht auch nicht gezwungen, als Ersatzschulen nur private Schulen zuzulassen, die bestehenden oder vorgesehenen öffentlichen Schulen entsprechen.[136] Vielmehr könne er Privatschulen als „materielle" Ersatzschulen auch dann kreieren, wenn entsprechende Schulen im Land nicht vorgesehen sind.[137]

Für Ergänzungsschulen wird im allgemeinbildenden Schulsektor kein oder zumindest wenig Raum gesehen, weil (und solange) die Länder im allgemeinbildenden Schulwesen durchgehend öffentliche Schulen halten und die (Vollzeit-)Schulpflicht im privaten Schulbereich nur an Ersatzschulen erfüllt werden kann.[138]

c) Maßstab für den Akzessorietätstest

Weitgehend ungeklärt ist, welcher Maßstab für den Akzessorietätstest gilt, der dem – organisatorisch-formal oder materiell-funktional verstandenen – Ersatzschulbegriff inhärent ist. Konkret geht es um die Frage, ob private Schulen öffentliche Schulen nur bei Gleichartigkeit oder auch bei Gleichwertigkeit mit den für den Ersatzschulbegriff konstitutiven Merkmalen des öffentlichen Schulwesens ersetzen können.

Das Bundesverfassungsgericht hat die Frage bislang nur vereinzelt und eher beiläufig behandelt. So hat es bezogen auf die Einordnung von Waldorfschulen als

---

[132] *Wißmann*, in: Kahl/Waldhoff/Walter, Bonner Kommentar zum Grundgesetz, Art. 7 Rn. 198, 200; *Brosius-Gersdorf*, Die Verwaltung 45 (2012), 389 (415).

[133] *Poscher/Neupert*, RdJB 2005, 244 (249).

[134] S. oben bei und in Fn. 95.

[135] *Poscher/Neupert*, RdJB 2005, 244 (249).

[136] *Wißmann*, in: Kahl/Waldhoff/Walter, Bonner Kommentar zum Grundgesetz, Art. 7 Rn. 201.

[137] *Wißmann*, in: Kahl/Waldhoff/Walter, Bonner Kommentar zum Grundgesetz, Art. 7 Rn. 199.

[138] S. etwa *Heckel*, Deutsches Privatschulrecht, S. 225 und 269; *Avenarius*, in: Ullrich/Strunck, Private Schulen in Deutschland, S. 143 (150); *Kösling*, RdJB 2004, 208 (217 ff.).

Ersatzschulen festgestellt, dass „keine Gleichartigkeit mit öffentlichen Schulen, sondern nur eine Gleichwertigkeit" verlangt wird.[139] Dem entspricht es, dass das Bundesverfassungsgericht für die Abgrenzung von Ersatzschulen zu Ergänzungsschulen darauf abstellt, ob für die privaten Schulen „vergleichbare" öffentliche Schulen bestehen,[140] weil sie im Kern „gleiche" Kenntnisse und Fertigkeiten wie eine öffentliche Schule vermitteln.[141] Dazu passen richterliche Feststellungen, dass für den Ersatzschulbegriff verfassungsrechtlich „keine strenge Akzessorietät zu fordern (ist), insbesondere nicht im Bereich der weiterführenden Schulen",[142] und dass für die Ersatzschule ein „Mindestmaß an Verträglichkeit mit vorhandenen Schulstrukturen" genügt.[143]

In eine andere Richtung deutet die jüngere Judikatur des Bundesverwaltungsgerichtes, nach der es für die Beurteilung der Ersatzschuleigenschaft (Art. 7 Abs. 4 S. 2 GG) „auf wesensmäßige Übereinstimmung ankommt", wohingegen sich die Verfassung in Bezug auf Genehmigungsvoraussetzungen (Art. 7 Abs. 4 S. 3 und 4 GG) wie namentlich die „Lehrziele" (Art. 7 Abs. 4 S. 3 GG) „weitgehend mit einer bloßen Ergebnisäquivalenz begnügt und insofern einen bindungsschwächeren Prüfungsmaßstab", nämlich „Gleichwertigkeit, nicht Gleichartigkeit" vorgibt.[144] Hierzu passt allerdings nicht so recht, dass das Bundesverwaltungsgericht in demselben Atemzug feststellt, der Ersatzschulbegriff führe nur „zum Ausschluss der Genehmigungsfähigkeit solcher Privatschulen, die in so gravierender Weise von den im öffentlichen Schulwesen verbreiteten Typen abweichen ..., dass es aus dem Blickwinkel der staatlichen Schulhoheit von vornherein nicht vertretbar wäre, ihren Besuch dem Besuch einer öffentlichen Schule gleichzustellen und als Erfüllung der Schulpflicht zu werten."[145]

Das Schrifttum lässt für den Ersatzschulbegriff des Art. 7 Abs. 4 S. 2 GG – im Gleichklang mit dem Maßstab für die Erfüllung der Genehmigungsvoraussetzungen des Art. 7 Abs. 4 S. 3 und 4 GG – wohl überwiegend die „Vergleichbarkeit" der privaten Schulen mit den maßgeblichen Strukturmerkmalen der öffentlichen

---

139 BVerfGE 90, 128 (140); ebenso OVG Sachsen, Urteil vom 31.03.2015–2 A 758/13, Rn. 17 (juris) mit der Definition der Ersatzschule als Schule, die in ihren Bildungs- und Erziehungszielen sowie in ihren wesentlichen Lehrgegenständen im Freistaat Sachsen vorhandenen oder vorgesehenen öffentlichen Schulen „gleichwertig" ist, und dem Hinweis, dass dies der Rechtsprechung des Bundesverfassungsgerichtes zum Ersatzschulbegriff des Art. 7 Abs. 4 S. 2 GG entspreche.

140 BVerfGE 27, 195 (202); ebenso OVG Sachsen-Anhalt, Urteil vom 22.06.2006– 3 K 3/05, Rn. 42 (juris).

141 BVerfGE 90, 128 (140); BVerfG, NVwZ 2011, 1384 (1385).

142 S. bei und in Fn. 92.

143 S. bei und in Fn. 93.

144 BVerwGE 145, 333 (339).

145 S. oben bei und in Fn. 102.

Schule,[146] also Gleichwertigkeit genügen; Gleichartigkeit sei nicht notwendig.[147] Nach zum Teil vertretener Ansicht soll es dagegen für den Ersatzschulbegriff auf Gleichartigkeit der privaten Schulen mit den maßgeblichen Merkmalen einer öffentlichen Schule ankommen; auf Gleichwertigkeit könne es allein bei der nachgelagerten Prüfung der Genehmigungsvoraussetzungen ankommen.[148]

2. Präzisierung und Weiterentwicklung des Ersatzschulbegriffes

Die Unterschiede zwischen dem formal-organisatorischen und dem materiell-funktionalen Schulbegriff zeigen sich vor allem bei privaten Schulen, die andere Schularten betreiben, als sie im öffentlichen Schulwesen zu finden sind. Berücksichtigt man allerdings, dass die Gerichte bei grundsätzlicher Präferenz für einen formal-organisatorischen Vergleich privater und öffentlicher Schulen nach Schularten keine strenge Akzessorietät mit exakter Deckungsgleichheit fordern und für die Ersatzschuleigenschaft letztlich eine Entsprechung hinsichtlich der zum Ende des Bildungsganges vermittelten Kenntnisse und Fähigkeiten sowie Qualifikationen genügen lassen,[149] sind die inhaltlichen Unterschiede zwischen dem formal-organisatorischen und dem materiell-funktionalen Ersatzschulbegriff bei aller formalen Verschiedenheit nicht allzu groß.

Gleichwohl: Ganz grundsätzlich sprechen verfassungsrechtlich die besseren Argumente für den materiell-funktionalen Ersatzschulbegriff, wobei als Vergleichsmaßstab Gleichwertigkeit, nicht Gleichartigkeit zur Anwendung kommt (s. sub. a)). Damit sind allerdings die für die schulverfassungsrechtliche Typisierung der Internationalen Schulen maßgeblichen Fragen nicht geklärt. Weder in der Rechtsprechung noch im Schrifttum ist bislang diskutiert, anhand welcher Merkmale die Gleichwertigkeit des Bildungsganginhalts und Abschlusses privater und öffentlicher Schulen zu beurteilen ist. Diese Frage stellt sich im Fall der Internationalen Schulen – anders als bei anderen privaten Schulen –, weil sie zwar den äußeren Strukturmerkmalen nach gleiche Schularten anbieten wie die öffentlichen Schulen im Freistaat Bayern, nämlich Grund-, Mittel- und Oberschulen. Die Internationalen Schulen haben aber eine andere (überwiegend internationale) Schülerschaft, andere (überwiegend internationale) Lehrkräfte und unterrichten nach anderen (interna-

---

[146] *Müller*, Das Recht der Freien Schule, S. 313; *Keller/Krampen/Surwehme*, in: Keller/Krampen, Das Recht der Schulen in freier Trägerschaft, Kap. 4 Rn. 6.

[147] *Vogel*, DÖV 1992, 505 (511 ff.); *Jach*, in: Vogel/Knudsen, Bildung und Erziehung in freier Trägerschaft, Kap. 20 S. 65 ff.; *Brosius-Gersdorf*, Die Verwaltung 45 (2012), 389 (415); *Badura*, in: Maunz/Dürig, Grundgesetz, Art. 7 Rn. 103; *Wißmann*, in: Kahl/Waldhoff/Walter, Bonner Kommentar zum Grundgesetz, Art. 7 Rn. 200; *Keller/Krampen/Surwehme*, in: Keller/Krampen, Das Recht der Schulen in freier Trägerschaft, 2014, Kap. 4 Rn. 7.

[148] So namentlich *Kümper*, VerwArch 107 (2016), 120 (132).

[149] S. unter C. III. 1.

tionalen IBO-) Lehrplänen sowie in anderer (englischer) Unterrichtssprache. Die weiterführenden Schulen (Mittel- und Oberschule) führen zudem zu anderen Abschlüssen (MYP Certificate und IB Diploma) als die öffentlichen Mittelschulen und Gymnasien (mittlerer Schulabschluss, Abitur). Der verfassungsrechtliche Ersatzschulbegriff (Art. 7 Abs. 4 S. 2 GG) bedarf daher der Weiterentwicklung und Präzisierung (s. sub. b) und c)).

a) Materiell-funktionaler Ersatzschulbegriff mit Gleichwertigkeitsmaßstab

Gegen eine formal-organisatorische Definition des Ersatzschulbegriffes des Art. 7 Abs. 4 S. 2 GG und für einen materiell-funktionalen Begriffsansatz spricht das den privaten Schulen in Art. 7 Abs. 4 S. 1 GG garantierte Privatschulgrundrecht,[150] welches die Freiheit zur Gestaltung des inneren und äußeren Schulbetriebs umfasst.[151] Diese umfassend garantierte Privatschulfreiheit ist zwar durch den Genehmigungsvorbehalt (Art. 7 Abs. 4 S. 2 GG) und die Genehmigungsvoraussetzungen (Art. 7 Abs. 4 S. 3 und 4 GG) für Ersatzschulen eingeschränkt.[152] Schulen in freier Trägerschaft steht aber nach ständiger Rechtsprechung des Bundesverfassungsgerichtes von Verfassungs wegen ein Anspruch[153] auf Genehmigung als Ersatzschule zu, wenn sie „im Kern gleiche Kenntnisse und Fertigkeiten" vermitteln wie öffentliche Schulen.[154] Maßgeblich für die Erfüllung der Genehmigungsvoraussetzungen des Art. 7 Abs. 4 S. 3 und 4 GG ist, „ob am Ende des jeweiligen Bildungsganges das Niveau des Bildungsprogramms der öffentlichen Schulen" im Sinne eines Gesamtergebnisses erreicht wird.[155] Wegen der durch Art. 7 Abs. 4 S. 1 GG gewährleisteten Gestaltungsfreiheit der privaten Schulen ist ihnen „hinsichtlich der hierbei beschrittenen Wege und eingesetzten Mittel weitgehende Freiheit eingeräumt".[156] Ersatzschulen müssen „nach eigenem pädagogischen Ermessen entscheiden dürfen, auf welchem Weg und mit welchen Mitteln sie dieses Gesamtergebnis erreichen" wollen.[157] Dies hat zur Folge, „dass Ersatzschulen nach ihrer ganzen Struktur so grundsätzlich verschieden von öffentlichen Schulen sein können,

---

[150] Statt aller *Brosius-Gersdorf*, in: Dreier, Grundgesetz, Art. 7 Rn. 106.

[151] *Brosius-Gersdorf*, in: Dreier, Grundgesetz, Art. 7 Rn. 106.

[152] Zu der umstrittenen dogmatischen Einordnung des Art. 7 Abs. 4 S. 2 bis 4 GG und seinem Verhältnis zu Art. 7 Abs. 4 S. 1 GG s. etwa *Müller*, Das Recht der Freien Schule, S. 318 ff.; *Wißmann*, in: Kahl/Waldhoff/Walter, Bonner Kommentar zum Grundgesetz, Art. 7 Rn. 233.

[153] S. bereits bei und in Fn. 25.

[154] BVerfG, NVwZ 2011, 1384 (1385); vgl. BVerfGE 90, 128 (140); s. auch OVG Sachsen, Urteil vom 31.03.2015 – 2 A 758/13, Rn. 24 (juris).

[155] BVerfG, NVwZ 2011, 1384 (1385); BVerwGE 112, 263 (270).

[156] BVerfG, NVwZ 2011, 1384 (1385).

[157] BVerfG, NVwZ 2011, 1384 (1385); vgl. BVerwGE 90, 1 (10 f.); 112, 263 (268 f.); OVG Sachsen, Urteil vom 31.03.2015 – 2 A 758/13, Rn. 24 (juris); *Vogel*, DÖV 2008, 895 (905).

dass etwa für ihre Schüler vor Abschluss des Bildungsganges ein Wechsel in das öffentliche Schulsystem ausscheidet".[158] Hintergrund dieser ergebnisorientierten, privatschulfreundlichen Auslegung der Genehmigungsanforderungen an Ersatzschulen ist, dass das Bundesverfassungsgericht den Zweck von Art. 7 Abs. 4 S. 3 und 4 GG nicht darin sieht, „die inhaltliche Einheit des Schulwesens zu sichern, sondern Schüler von Ersatzschulen vor einem ungleichwertigen Schulerfolg zu schützen".[159]

Mit diesem verfassungsrechtlichen Rahmen für die *Genehmigung* von Ersatzschulen (Art. 7 Abs. 4 S. 3 und 4 GG) vertrüge sich eine Beschränkung des Ersatzschul*begriffes* (Art. 7 Abs. 4 S. 2 GG) auf private Schulen, die öffentlichen Schulen organisatorisch-formal nach der Schulart entsprechen, nicht. Da für die Genehmigung von Ersatzschulen (Art. 7 Abs. 4 S. 3 und 4 GG) allein maßgeblich ist, ob sie im Sinne eines Gesamtergebnisses am Ende des jeweiligen Bildungsganges im Kern gleiche Kenntnisse und Fertigkeiten vermitteln wie öffentliche Schulen, kann es für den systematisch vorgelagerten Ersatzschulbegriff (Art. 7 Abs. 4 S. 2 GG) nur darauf ankommen, dass die private Schule einen Bildungsgang anbietet, der im Ergebnis gleiche Kenntnisse und Fertigkeiten vermittelt wie öffentliche Schulen.[160] Kommt es für die Genehmigung privater Ersatzschulen allein darauf an, dass sie im Ergebnis zu gleichen Kenntnissen und Fähigkeiten verhelfen wie öffentliche Schulen, kann es auch für den Ersatzschulbegriff allein darauf ankommen, dass die private Schule einen entsprechenden Bildungsganginhalt und ggf. Abschluss anbietet. Auf welche Weise private Schulen entsprechende Bildung vermitteln wie öffentliche Schulen, insbesondere, unter welchem schulorganisatorischen „Dach", d. h. in welcher Schulform die Bildung erfolgt, ist hier (Art. 7 Abs. 4 S. 3, 4 GG) wie dort (Art. 7 Abs. 4 S. 2 GG) unerheblich. Verlangte man für den Ersatzschulbegriff mehr als für die Genehmigung der Ersatzschule, liefe die den Ersatzschulen verfassungsrechtlich durch Art. 7 Abs. 4 S. 1 i. V. m. S. 3 und 4 GG eingeräumte Freiheit leer. Nicht die Schulform oder die Art des Bildungsganges sind maßgeblich für die Ersatzschuleigenschaft, sondern der zum Ende des angebotenen Bildungsganges vermittelte Inhalt und Abschluss. Abweichungen bei der Dauer des Bildungsganges sind zulässig, solange die Vergleichbarkeit der Bildungsergebnisse gewahrt ist.[161]

Aus demselben Grund ist als Maßstab für den Vergleich von privaten mit öffentlichen Schulen im Hinblick auf den vorgesehenen Inhalt des Bildungsganges und den Abschluss nicht Gleichartigkeit, sondern Gleichwertigkeit verfassungsrechtlich geboten. Ein Rechtsanspruch privater Ersatzschulen auf Genehmigung besteht von Verfassungs wegen bereits dann, wenn sie öffentlichen Schulen im Hinblick auf die in Art. 7 Abs. 4 S. 3 und 4 GG geregelten Anforderungen (Nichtzurückstehen in den

[158] BVerfG, NVwZ 2011, 1384 (1385); vgl. BVerfGE 27, 195 (205); 90, 107 (125).

[159] BVerfG, NVwZ 2011, 1384 (1385); vgl. BVerfGE 27, 195 (203); BVerwGE 112, 263 (268).

[160] Ebenso *Jach*, in: Vogel/Knudsen, Bildung und Erziehung in freier Trägerschaft, Kap. 20 S. 65 ff.; *Brosius-Gersdorf*, Die Verwaltung 45 (2012), 389 (414 ff.).

[161] S. auch bereits oben bei und in Fn. 111 f.

Lehrzielen und Einrichtungen sowie in der wissenschaftlichen Ausbildung der Lehrkräfte; genügende Sicherung der wirtschaftlichen und rechtlichen Stellung der Lehrkräfte; Einhaltung des Sonderungsverbotes) gleichwertig, d.h. im Ergebnis vergleichbar sind.[162] Gleichartigkeit im Sinne von Identität mit öffentlichen Schulen darf von Verfassungs wegen nicht gefordert werden.[163] Im Lichte dieser Vorgaben des Art. 7 Abs. 4 S. 3 und 4 GG für die Genehmigung von Ersatzschulen muss auch für den Ersatzschulbegriff der Maßstab der Gleichwertigkeit gelten.[164] Private Schulen sind Ersatz für öffentliche Schulen, wenn sie im Ergebnis nach dem von ihnen angebotenen Bildungsgang und Abschluss eine gleichwertige, d.h. vergleichbare Bildung anstreben wie öffentliche Schulen. Auf Gleichartigkeit, d.h. formale Identität des Bildungsganginhalts und Abschlusses kommt es nicht an.[165] Sie darf verfassungsrechtlich nicht gefordert werden. Private Schulen, deren Bildungsgang und Abschluss inhaltlich gleichwertig ist mit dem Bildungsgang und Abschluss öffentlicher Schulen, können „als Ersatz für öffentliche Schulen" (Art. 7 Abs. 4 S. 2 GG) genehmigt werden.

Für den materiell-funktionalen Ersatzschulbegriff mit Gleichwertigkeitstest spricht auch der Zweck der verfassungsrechtlichen Garantie der Privatschulfreiheit. Das Grundrecht des Art. 7 Abs. 4 S. 1 GG zielt auf einen Pluralismus der Bildungs- und Erziehungsziele[166] und trägt der Innovationsfreudigkeit der Privatschulen Rechnung.[167] Im Interesse dieser Schulvielfalt und -innovation bekennt sich das Grundgesetz zu Privatschulen und erteilt einem staatlichen Schulmonopol eine Absage. Mit diesem Zweck wäre es unvereinbar, private Ersatzschulen auf die Schulformen des öffentlichen Schulwesens zu beschränken und / oder Gleichartigkeit mit den Bildungsinhalten und Abschlüssen öffentlicher Schulen zu fordern.[168] Es genügt, wenn gleichwertige Kenntnisse und Fähigkeiten zum Ende des Bildungsganges vermittelt werden, mögen sich die hierfür eingesetzten Mittel von denen öffentlicher Schulen auch noch so sehr unterscheiden.

---

[162] BVerfG, NVwZ 2011, 1384 (1385); vgl. BVerfGE 27, 195 (207); 90, 107 (122); 90, 128 (140); BVerwGE 12, 349 (350 f.); 17, 236 (237); 90, 1 (15); 112, 263 (268 f.).

[163] Nachweise in Fn. 162.

[164] Ebenso *Jach*, in: Vogel/Knudsen, Bildung und Erziehung in freier Trägerschaft, Kap. 20 S. 65 ff.; *Brosius-Gersdorf*, Die Verwaltung 45 (2012), 389 (414 ff.). Anderer Ansicht *Kümper*, VerwArch 107 (2016), 120 (130 ff., insbesondere 132), der es ablehnt, aus dem Gleichwertigkeitspostulat auf der Ebene der Genehmigungsvoraussetzungen auf einen Gleichwertigkeitsmaßstab auch beim Ersatzschulbegriff zu schließen, dabei aber den systematischen Zusammenhang zwischen Art. 7 Abs. 4 S. 2 und S. 3, 4 GG übersieht. Auch das von ihm behauptete Erfordernis eines „möglichst scharf umrissenen Ersatzschulbegriff(s)" (132) legitimiert nicht (oder erfordert gar) Gleichartigkeit als Vergleichsmaßstab.

[165] Vgl. *Poscher/Neupert*, RdJB 2005, 244 (250).

[166] BVerfGE 90, 107 (116); *Brosius-Gersdorf*, in: Dreier, Grundgesetz, Art. 7 Rn. 103.

[167] *Brosius-Gersdorf*, in: Dreier, Grundgesetz, Art. 7 Rn. 103 mit weiteren Nachweisen.

[168] Ebenso *Vogel*, DÖV 1992, 505 (511); *Jach*, DÖV 2002, 969 (970); *Brosius-Gersdorf*, Die Verwaltung 45 (2012), 389 (415).

Im Übrigen dürften namentlich die Waldorfschulen kaum als Ersatzschulen gelten,[169] wenn kein materiell-funktionaler Ersatzschulbegriff mit Gleichwertigkeitstest gälte. Waldorfschulen entsprechen öffentlichen Schulen in der Regel nur im Hinblick auf die zum Ende des Bildungsganges vermittelten Kenntnisse und Fähigkeiten. Im Hinblick auf ihre binnenorganisatorische Gliederung, das von ihnen praktizierte Konzept nach der Pädagogik Rudolf Steiners, die (speziellen Waldorf-) Lehrpläne, die Verteilung des Unterrichtsstoffs, die Unterrichtsmethoden, die musischen und künstlerisch-handwerklichen sowie sprachlichen Schwerpunkte, das Prinzip der Jahrgangsmischung, den Verzicht auf Zensurenzeugnisse in der Unter- und Mittelstufe, die pädagogische Ausbildung der Lehrkräfte in speziellen Lehrerbildungseinrichtungen des Bundes der Waldorfschulen und die Abschlüsse unterscheiden sie sich grundlegend von öffentlichen Schulen.[170] Gleichwohl bestanden an ihrer Einstufung als Ersatzschulen für die Gerichte (und die Landesgesetzgeber) zu keiner Zeit Zweifel.[171]

Im Ergebnis gilt damit: Ersatzschule i. S. d. Art. 7 Abs. 4 S. 2 GG ist eine private Schule, die einer im Land bestehenden oder vorgesehenen öffentlichen Schule nach dem angebotenen Inhalt und Abschluss des Bildungsganges gleichwertig ist. (Nur) Insoweit muss die Ersatzschule akzessorisch zur öffentlichen Schule sein.

In Abgrenzung zu den Genehmigungsvoraussetzungen des Art. 7 Abs. 4 S. 3 und 4 GG kommt es für den Ersatzschulbegriff nach Art. 7 Abs. 4 S. 2 GG lediglich darauf an, ob die Schule nach ihrem Konzept einen gleichwertigen Bildungsgang und Abschluss *anstrebt* wie öffentliche Schulen im Land. Ob die private Schule nach ihren Lehrzielen, Einrichtungen und Lehrkräften tatsächlich in der Lage ist, das Bildungsversprechen zu erfüllen, ob sie also tatsächlich gleichwertig *ist*, bleibt der Genehmigungsprüfung (Art. 7 Abs. 4 S. 3 und 4 GG) vorbehalten.

Dieser Ersatzschulbegriff gilt für sämtliche privaten Schulen. Besonderheiten für die allgemeinbildenden Grundschulen bestehen nur insofern, als sie im Gegensatz zu den weiterführenden Schulen nicht zu Abschlüssen führen, sodass ihre Gleichwertigkeit mit öffentlichen Schulen ausschließlich anhand der zum Ende des Bildungsganges angestrebten Kenntnisse und Fertigkeiten zu beurteilen ist. Zwar gelten für Grundschulen nach Art. 7 Abs. 5 GG weitergehende Genehmigungsvoraussetzungen als für weiterführende Schulen. Grundschulen sind als „Volksschulen" i. S. d. Art. 7 Abs. 5 GG[172] nur zuzulassen, wenn sowohl die Genehmigungsanforderungen des Art. 7 Abs. 4 S. 3 und 4 GG erfüllt sind als auch die Unterrichtsverwaltung ein besonderes pädagogisches Interesse anerkennt oder die private Grundschule, auf Antrag von Erziehungsberechtigten, als Gemeinschafts-, Bekenntnis- oder Weltanschauungsschule errichtet werden soll und eine öffentliche Volksschule dieser Art

---

[169] Zum Ersatzschulstatus der Waldorfschulen s. oben bei und in Fn. 109.

[170] Zu den Merkmalen der Waldorfschulen näher *Bader*, in: Arbeitsgemeinschaft Freie Schulen (Hrsg.), Handbuch Freie Schulen, S. 153 ff.

[171] S. bei und in Fn. 109.

[172] Zum Begriff der Volksschule s. die Nachweise in Fn. 21.

in der Gemeinde nicht besteht (Art. 7 Abs. 5 GG).[173] Diese besonderen Genehmigungsbedingungen des Art. 7 Abs. 5 GG für Volksschulen betreffen aber ausschließlich die dem Ersatzschulbegriff nachgelagerte Ebene der Genehmigungsprüfung. Sie verengen nicht den Ersatzschulbegriff des Art. 7 Abs. 4 S. 2 GG; er gilt für alle privaten Schulen gleichermaßen.

b) Vergleichsobjekt öffentliches Schulwesen

Der materiell-funktionale Ersatzschulbegriff mit Gleichwertigkeitstest bedarf mit Blick auf die Besonderheiten Internationaler Schulen der Präzisierung und Weiterentwicklung. Die Rechtsprechung und das Schrifttum haben sich bislang kaum mit Internationalen Schulen beschäftigt, sodass der verfassungsrechtliche Ersatzschulbegriff im Hinblick auf die Internationalen Schulen noch „blind" ist.

Zunächst bedarf es der Präzisierung, welche öffentlichen Schulen als Vergleichsobjekt für private Ersatzschulen heranzuziehen sind. In Betracht kommen wegen der Akzessorietät des Ersatzschulwesens zu dem vom jeweiligen Bundesland vorgesehenen öffentlichen Schulwesen[174] nur die öffentlichen Schulen des Bundeslandes, in dem die Privatschule ihren Sitz hat. Öffentliche Schulen in anderen Bundesländern scheiden als Vergleichsobjekt aus.

Innerhalb des Bundeslandes, in dem die private Schule errichtet ist, sind als Vergleichsobjekt sämtliche öffentlichen Schulen tauglich, die nach ihren Bildungsgängen und Abschlüssen für den Akzessorietätstest, d. h. den Gleichwertigkeitstest, in Betracht kommen. Ein Akzessorietätstest scheidet im allgemeinbildenden Schulbereich nur in dem (hypothetischen) Fall aus, dass es im öffentlichen Schulwesen überhaupt keine Grund- und Mittelschulen sowie Gymnasien gäbe, für die private allgemeinbildende Schulen Ersatz sein können.[175] Solange öffentliche allgemeinbildende Schulen existieren, lassen sich private allgemeinbildende Schulen in aller Regel einer Grundschule, einer Mittelschule oder einem Gymnasium zuordnen, für die sie als Ersatz in Betracht kommen. Im Hinblick auf diese Schulen ist zu prüfen, ob die privaten Schulen gleichwertige Bildungsgänge und Abschlüsse anbieten.

Die öffentlichen Vergleichsschulen müssen dabei lediglich im Landesrecht *vorgesehen* sein; ob öffentliche Schulen tatsächlich *errichtet* sind und *betrieben* werden, ist irrelevant.[176]

---

[173] Zu diesen Genehmigungsanforderungen des Art. 7 Abs. 5 GG näher etwa *Brosius-Gersdorf*, in: Dreier, Grundgesetz, Art. 7 Rn. 131 ff.; *Uhle*, in: Epping/Hillgruber, BeckOK Grundgesetz, Art. 7 Rn. 89 ff.; *Jarass*, in: Jarass/Pieroth, Grundgesetz, Art. 7 Rn. 35 ff.

[174] S. unter C. III. 1. a).

[175] Vgl. auch oben bei und in Fn. 125.

[176] Vgl. die einhellige Definition des Ersatzschulbegriffes als „Privatschulen, die nach dem mit ihrer Errichtung verfolgten Gesamtzweck als Ersatz für eine in dem Land vorhandene *oder*

Private Schulen können darüber hinaus auch dann Ersatzschulen sein, wenn sie im Landesschulrecht vorgesehen sind, ohne dass der Gesetzgeber parallel entsprechende öffentliche Schulen vorsieht. Regelt der Landesgesetzgeber bestimmte schulische Bildungsgänge und Abschlüsse, sind private Schulen, die diese Bildungsgänge und Abschlüsse anbieten, im materiell-funktionalen Sinne Ersatzschulen für öffentliche Schulen, auch wenn das Land solche öffentlichen Schulen selbst nicht einplant.[177] Das Land verzichtet in diesem Fall auf den Betrieb eigener öffentlicher Schulen; die entsprechende Lücke wird von privaten Schulen gefüllt, die die fehlenden öffentlichen Schulen ersetzen. In Abgrenzung zu privaten Ergänzungsschulen, für die vergleichbare öffentliche Schulen in der Regel nicht bestehen und die daher staatliche Schulangebote nicht ersetzen können,[178] muss aber der betreffende Bildungsgang und Abschluss vom Land vorgesehen sein. Ohne landesrechtlich vorgesehene Bildungsgänge und Abschlüsse können private Schulen nicht Ersatz-, sondern nur Ergänzungsschulen sein.[179]

c) Vergleichsmerkmale

Offen ist, anhand welcher Merkmale die Gleichwertigkeit des Bildungsganges und Abschlusses zu beurteilen ist. Da im Freistaat Bayern die Internationalen Schulen eine andere (internationale) Schülerschaft haben, andere (internationale) Lehrkräfte beschäftigen, nach anderen (internationalen IBO-) Lehrplänen sowie in anderer (englischer) Unterrichtssprache unterrichten und mit ihren Mittel- und Oberschulen zu anderen Abschlüssen führen (MYP Certificate und IB Diploma) als öffentliche Schulen (mittlerer Schulabschluss, Abitur), stellt sich die Frage, ob die Schülerschaft, die Lehrerschaft, die Unterrichtssprache und die Abschlüsse zu den den Ersatzschulbegriff konstituierenden Akzessorietätsmerkmalen gehören.

aa) Inhalt des Bildungsganges und Abschluss

Fest steht auf der Grundlage des materiell-funktionalen Ersatzschulbegriffes, dass private Schulen gleichwertige Bildungsgänge und Abschlüsse (weiterführende Schulen) anbieten müssen wie öffentliche Schulen im Land, um als Ersatz für öffentliche Schulen errichtet und betrieben werden zu können. Maßgeblich ist, dass die privaten Schulen nach ihrem Schulkonzept zum Ende des jeweiligen Bildungsganges „im Kern gleiche Kenntnisse und Fertigkeiten" anstreben wie öffentliche Schulen.[180] Am Ende des betreffenden Bildungsganges muss das Niveau des Bildungspro-

---

grundsätzlich vorgesehene öffentliche Schule dienen sollen" (Hervorhebung nur hier) oben bei und in Fn. 83.

[177] Ebenso *Wißmann*, in: Kahl/Waldhoff/Walter, Bonner Kommentar zum Grundgesetz, Art. 7 Rn. 199.

[178] S. oben bei und in Fn. 84 f.

[179] Zur Abgrenzung von Ersatz- und Ergänzungsschulen s. oben bei und in Fn. 84 f.

[180] Näher oben unter C. III. 2. a).

grammes der öffentlichen Schulen im Sinne eines Gesamtergebnisses erreicht werden können.[181] Das bedeutet:

- Private weiterführende Schulen (Mittel- und Oberschule), die zu Abschlüssen führen, müssen gleichwertige Abschlüsse anbieten wie staatliche weiterführende Schulen.
- Private weiterführende Schulen (Mittel- und Oberschule), die keine Abschlüsse anbieten, sondern auf Abschlüsse staatlicher Schulen vorbereiten (NichtschülerInnenprüfung), müssen zum Ende des betreffenden Bildungsganges gleichwertige Kenntnisse und Fähigkeiten anstreben wie staatliche Schulen.
- Dasselbe gilt für private Grundschulen, die keine Abschlüsse vermitteln, sondern den Übergang in eine weiterführende Schule vorbereiten. Auch sie müssen, um Ersatz für öffentliche Grundschulen zu sein, zum Ende ihres Bildungsganges die Vermittlung gleichwertiger Kenntnisse und Fähigkeiten vorsehen.

Auf eine (formale) Identität des angebotenen Bildungsganges (z.B. Schulart sowie Dauer des Bildungsganges) und Abschlusses kommt es nicht an,[182] weil für den Ersatzschulbegriff des Art. 7 Abs. 4 S. 2 GG nicht Gleichartigkeit, sondern nur Gleichwertigkeit gefordert werden darf. Das Angebot formal unterschiedlicher Bildungsgänge und Abschlüsse durch private Schulen hindert ihre Einordnung als Ersatzschulen nicht, solange sie im Ergebnis eine gleichwertige Bildung anbieten, d.h. vergleichbare Kenntnisse und Fähigkeiten anstreben wie öffentliche Schulen. Ob daher der Bildungsgang und der Abschluss einer privaten Schule formal identisch sind mit dem Bildungsgang und Abschluss einer öffentlichen Schule, ist grundsätzlich ebenso unerheblich wie Abweichungen bei der Gliederung und der Dauer des Bildungsganges, den Lehrplänen und Stundentafeln, den schulischen Schwerpunkten, den eingesetzten Unterrichtsmethoden und dem pädagogischen Konzept, solange das zum Ende des Bildungsganges vermittelte Wissen und die Fertigkeiten im Ergebnis gleichwertig sind mit der durch öffentliche Schulen vermittelten Bildung.

bb) Unterrichtssprache

Nicht einmal ansatzweise geklärt und schwierig zu beantworten ist, ob die Unterrichtssprache zu den den materiell-funktionalen Ersatzschulbegriff konstituierenden Akzessorietätsmerkmalen zählt, mit der Folge, dass private Schulen öffentlichen Schulen auch im Hinblick auf die Unterrichtssprache gleichwertig sein müssten. Im Fall der Internationalen Schulen stellt sich die Frage, weil der Unterricht grundsätzlich in englischer Sprache erfolgt, wobei daneben an allen Grund-, Mittel- und Oberschulen verpflichtend Deutschunterricht stattfindet.[183]

---

[181] Näher unter C. III. 2. a).

[182] Vgl. auch oben bei und in Fn. 165.

[183] Dazu bereits unter A. I.

Ob die Unterrichtssprache ein den Bildungsgang prägendes Element und damit konstitutives Merkmal des Ersatzschulbegriffes ist, ist aus den landesschulrechtlichen Regelungen des jeweiligen Bildungsganges und Abschlusses zu ermitteln. Die Verfassung des Freistaates Bayern verhält sich hierzu nicht. Das Bayerische Gesetz über das Erziehungs- und Unterrichtswesen regelt die Unterrichtssprache für die Bildungsgänge der Grund- und Mittelschulen sowie Gymnasien nicht ausdrücklich. Allerdings deuten manche Vorschriften darauf hin, dass die Unterrichtssprache grundsätzlich Deutsch ist. So bestimmt Art. 36 Abs. 3 S. 5 BayEUG im Kontext der Erfüllung der Schulpflicht, dass Schulpflichtige, die dem Unterricht wegen mangelnder Kenntnis der deutschen Sprache nicht folgen können, besonderen Klassen oder Unterrichtsgruppen zuzuweisen sind. Diese Regelung ist sowohl bezogen auf SchülerInnen, die wegen ihres allgemein mangelnden Bildungsstands dem Unterricht ihrer Jahrgangsstufe nicht folgen können (s. Art. 36 Abs. 3 S. 4 BayEUG), als auch bezogen auf aus dem Ausland zugezogene Schulpflichtige (s. Art. 36 Abs. 3 S. 1 BayEUG) und auf in Deutschland Asyl suchende Schulpflichtige (s. Art. 36 Abs. 3 S. 6 BayEUG). Die Regelung macht nur Sinn, wenn der Unterricht in den allgemeinbildenden Schulen, an denen die Schulpflicht zu erfüllen ist, in deutscher Sprache erfolgt; denn nur in diesem Fall ist für SchülerInnen, „die dem Unterricht wegen mangelnder Kenntnis der deutschen Sprache nicht folgen können", Unterricht in besonderen Klassen oder Unterrichtsgruppen erforderlich.

Auch bestimmt Art. 7a Abs. 1 S. 2 BayEUG für Mittelschulen, dass das breite Feld von unterschiedlichen Anlagen, Interessen und Neigungen durch ein differenziertes Auswahlangebot neben den für alle SchülerInnen verbindlichen Fächern berücksichtigt wird (Halbs. 1) und hierfür die Bildung eigener Klassen und Kurse möglich ist, z. B. Klassen oder Kurse für SchülerInnen mit nicht deutscher Muttersprache. Die Einrichtung solcher (Sprach-)Klassen oder Kurse für SchülerInnen mit nicht deutscher Muttersprache erfolgt „neben den für alle Schülerinnen und Schüler verbindlichen Fächern", die somit in deutscher Sprache unterrichtet werden.

Dazu passt es, dass öffentliche Grundschulen ein Kind, das weder eine Kindertageseinrichtung noch einen Vorkurs nach Art. 5 Abs. 3 BayIntG besucht hat und bei dem im Rahmen der Schulanmeldung festgestellt wird, dass es nicht über die notwendigen Deutschkenntnisse verfügt, von der Aufnahme zurückstellen können (Art. 37 Abs. 4 BayEUG). Auch das deutet auf die deutsche Unterrichtssprache in Grundschulen hin.

Hinzu kommt, dass das Bayerische Gesetz über das Erziehungs- und Unterrichtswesen in mehreren Bestimmungen die zu unterrichtenden Fremdsprachen regelt (s. z. B. Art. 8 Abs. 3 Nr. 3 BayEUG für die Realschule; Art. 85a Abs. 2 Nr. 1 b) BayEUG bezogen auf Datenverarbeitung; Art. 113b Abs. 3 Nr. 1 a) und Nr. 4 BayEUG bezogen auf Statistik), woraus ebenfalls folgt, dass Unterrichtssprache außerhalb der Fremdsprachenfächer Deutsch ist.

Außerdem müssen nach dem Bayerischen Lehrerbildungsgesetz BewerberInnen für Lehrämter an öffentlichen Schulen, die in einem Mitgliedstaat der Europäischen

Union oder in einem anderen Vertragsstaat des Abkommens über den Europäischen Wirtschaftsraum außerhalb der Bundesrepublik Deutschland ein Diplom erworben haben, das eine Ausbildung für den Beruf des Lehrers / der Lehrerin abschließt, oder die die Berechtigung erworben haben, den Beruf des Lehrers / der Lehrerin auszuüben, zum Zwecke der Feststellung der Lehramtsbefähigung die für den Unterricht erforderlichen deutschen Sprachkenntnisse nachweisen (Art. 7 Abs. 4 S. 2 i. V. m. S. 1 BayLBG). Auch das deutet darauf hin, dass der Unterricht an öffentlichen Schulen hauptsächlich in deutscher Sprache erfolgt.

In dieselbe Richtung weist schließlich die Bekanntmachung des Bayerischen Staatsministeriums für Bildung und Kultus, Wissenschaft und Kunst „Sprachliche Bildung: Pflege und Erhalt der deutschen Sprache als Aufgabe aller Schularten und aller Fächer", wonach die deutsche Sprache an bayerischen Schulen „die in Schule und Unterricht … primäre Bildungssprache darstellt".[184] Und weiter heißt es: „In einer global vernetzten und von digitalen Medien bestimmten Welt, in der andere Sprachen sowie Bilder und Symbole den Gebrauch der deutschen Sprache beeinflussen, sind die Pflege der Bildungs- und *Unterrichtssprache Deutsch* und die Entwicklung von Sprachbewusstheit zentrale Anliegen"[185] (Hervorhebung nur hier). Dementsprechend gibt es im staatlichen allgemeinbildenden Schulwesen in Bayern wohl auch keine Schulen, die Englisch als hauptsächliche Unterrichtssprache verwenden.[186]

Etwas anderes dürfte auch nicht aus dem Europäischen Unionsrecht folgen. Zwar haben Kinder von Arbeitnehmerinnen und Arbeitnehmern aus einem Mitgliedstaat der Europäischen Union, die sich in einem anderen Mitgliedstaat aufhalten, um dort eine Beschäftigung auszuüben, wegen der durch Art. 45 AEUV gewährleisteten Arbeitnehmerfreizügigkeit das Recht, Schulen in anderen Mitgliedstaaten der Europäischen Union unter denselben Bedingungen zu besuchen wie die Staatsangehörigen des betreffenden Mitgliedstaates.[187] Dabei haben nach den Rechtsvorschriften des Aufnahmestaates der Schulpflicht unterliegende Kinder, die gegenüber Arbeitnehmerinnen bzw. Arbeitnehmern, welche Staatsangehörige eines anderen

---

[184] Sprachliche Bildung: Pflege und Erhalt der deutschen Sprache als Aufgabe aller Schularten und aller Fächer. Bekanntmachung des Bayerischen Staatsministeriums für Bildung und Kultus, Wissenschaft und Kunst vom 17.06.2014, Az.: VI.4–5 S 4402.5–6a.9 171, KWMBl Nr. 10/2014, S. 98 (abrufbar unter: https://www.gesetze-bayern.de/Content/Document/BayVwV288131).

[185] Sprachliche Bildung: Pflege und Erhalt der deutschen Sprache als Aufgabe aller Schularten und aller Fächer. Bekanntmachung des Bayerischen Staatsministeriums für Bildung und Kultus, Wissenschaft und Kunst vom 17.06.2014, Az.: VI.4–5 S 4402.5–6a.9 171, KWMBl Nr. 10/2014, S. 98 (abrufbar unter: https://www.gesetze-bayern.de/Content/Document/BayVwV288131).

[186] Vgl. *Vogel*, BuE 44 (1991), 351 (354).

[187] Art. 10 Abs. 1 VO (EU) 492/2011, ABl. L 141/1 vom 27.05.2011 (Freizügigkeits-VO), die gestützt auf Art. 46 AEUV die Arbeitnehmerfreizügigkeit herzustellen bezweckt; näher: *Steinmeyer*, in: Franzen/Gallner/Oetker, Kommentar zum europäischen Arbeitsrecht, VO 492/2011/EU Art. 10.

Mitgliedstaates sind, unterhaltsberechtigt sind und im Hoheitsgebiet des Mitgliedstaates wohnen, in dem der bzw. die Betreffende eine Tätigkeit im Lohn- und Gehaltsverhältnis ausübt oder ausgeübt hat (Art. 1 Richtlinie des Rates vom 25.07.1977 über die schulische Betreuung der Kinder von Wanderarbeitnehmern (77/486/EWG)),[188] Anspruch auf einen kostenlosen Einführungsunterricht in dem Aufnahmestaat (Art. 2 Abs. 1 Richtlinie des Rates vom 25.07.1977 über die schulische Betreuung der Kinder von Wanderarbeitnehmern (77/486/EWG)).[189] Der kostenlose Einführungsunterricht muss insbesondere eine den spezifischen Bedürfnissen dieser Kinder angepasste Unterweisung in der Amtssprache oder einer der Amtssprachen des Aufnahmestaates umfassen (Art. 2 Abs. 1 Richtlinie des Rates vom 25.07.1977 über die schulische Betreuung der Kinder von Wanderarbeitnehmern (77/486/EWG)).[190] Auch treffen die Mitgliedstaaten die erforderlichen Maßnahmen für die Aus- und Weiterbildung der Lehrkräfte, die diesen Unterricht erteilen (Art. 2 Abs. 2 Richtlinie des Rates vom 25.07.1977 über die schulische Betreuung der Kinder von Wanderarbeitnehmern (77/486/EWG)).[191] Zusätzlich müssen die Mitgliedstaaten in Zusammenarbeit mit den Herkunftsstaaten geeignete Maßnahmen treffen, um unter Koordinierung mit dem Regelunterricht die Unterweisung der aus anderen Mitgliedstaaten stammenden Kinder in der Muttersprache und der heimatlichen Landeskunde zu fördern (Art. 3 Richtlinie des Rates vom 25.07.1977 über die schulische Betreuung der Kinder von Wanderarbeitnehmern (77/486/EWG)).[192]

Daraus folgt aber wohl keine weitergehende Verpflichtung der Mitgliedstaaten einschließlich Deutschlands, den Kindern von Arbeitnehmerinnen und Arbeitnehmern aus anderen Mitgliedstaaten, die sich in Deutschland zum Zwecke der Erwerbsarbeit aufhalten, ein Schulangebot in der Unterrichtssprache ihres Landes oder in der internationalen Weltsprache Englisch bereitzustellen. Zur Verwirklichung der Arbeitnehmerfreizügigkeit (Art. 45 AEUV) dürfte es genügen, den Kindern der WanderarbeitnehmerInnen diejenigen Schulen anzubieten, die auch deutschen Schülerinnen und Schülern offenstehen, solange sie dabei notwendige Hilfestellungen wie kostenlosen Einführungsunterricht erhalten, um dem deutschsprachigen Unterricht ihrer Jahrgangsstufe folgen zu können, und der Aufnahmestaat außerdem die Unterweisung der Kinder in ihrer Muttersprache und der heimatlichen Landeskunde fördert (Art. 1 und Art. 3 Richtlinie des Rates vom 25.07.1977 über die schulische Betreuung der Kinder von Wanderarbeitnehmern (77/486/EWG)).[193] Eine weitergehende Verpflichtung der Mitgliedstaaten zur Bereitstellung von Schulangeboten in englischer Sprache (oder gar von Bildungsgängen, die zu internationalen

---

188 ABl. L 199/32 vom 06.08.1977.

189 ABl. L 199/32 vom 06.08.1977.

190 ABl. L 199/32 vom 06.08.1977.

191 ABl. L 199/32 vom 06.08.1977.

192 ABl. L 199/32 vom 06.08.1977.

193 ABl. L 199/32 vom 06.08.1977.

Abschlüssen führen), ist unionsrechtlich zwar zweifelsfrei zulässig, aber wohl nicht geboten.

Gegen Deutsch als generelle Unterrichtssprache für Grund-, Mittel- und Oberschulen mag allenfalls sprechen, dass die Lehrpläne für die staatlichen allgemeinbildenden Schulen in Bayern lediglich zwischen verschiedenen Fächern wie „Deutsch", „Mathematik", „Englisch", „Kunst", „Musik", „Sport" usw. differenzieren, ohne jedoch die Unterrichtssprache für die Fächer festzulegen.[194] Für die Sprachen-Fächer (Deutsch, Englisch etc.) ergibt es sich „aus der Natur der Sache", dass Unterrichtssprache die Sprache des jeweiligen Faches ist. Die Nicht-Sprachen-Fächer (z. B. Mathematik, Musik, Sport) lassen sich aber grundsätzlich in jeder Sprache unterrichten; welche Sprache das ist, ist in Bayern, soweit ersichtlich, nicht explizit geregelt.

Obwohl damit eine rechtliche Unsicherheit bleibt, sprechen die besseren Argumente dafür, dass die Unterrichtssprache an den öffentlichen allgemeinbildenden Schulen in Bayern grundsätzlich Deutsch ist. Angesichts der Bedeutung und des Wertes der Sprache als grundlegende Voraussetzung sowohl für den Bildungserfolg, d. h. für den Erwerb von Wissen und Fähigkeiten sowie die erfolgreiche Teilhabe an Ausbildung, Studium und Beruf, als auch für die kulturelle Teilhabe sowie die Integration in die Gesellschaft[195] dürfte die Unterrichtssprache zu den zentralen, die Bildungsgänge an öffentlichen Schulen prägenden Merkmalen gehören. In der Konsequenz müssen private Ersatzschulen den öffentlichen Schulen im Hinblick auf die Unterrichtssprache Deutsch gleichwertig (nicht: gleichartig) sein.

Sofern man die Unterrichtssprache nicht zu den konstitutiven Merkmalen des Ersatzschulbegriffes i. S. d. Art. 7 Abs. 4 S. 2 GG zählen wollte, wäre die Gleichwertigkeit im Hinblick auf die Unterrichtssprache wohl im Rahmen der Genehmigungsprüfung nach Art. 7 Abs. 4 S. 3 und 4 GG zu prüfen. Zur Gleichwertigkeit der „Lehrziele" i. S. d. Art. 7 Abs. 4 S. 3 GG dürfte auch die Unterrichtssprache gehören.[196]

cc) Wissenschaftliche Ausbildung der Lehrkräfte

Ebenfalls ungeklärt ist, ob bereits auf der Ebene des Ersatzschulbegriffes (Art. 7 Abs. 4 S. 2 GG) Anforderungen an die Lehrkräfte der privaten Schulen zu stellen sind, d. h., ob diese den Bildungsgang so entscheidend prägen, dass private Er-

---

[194] Die Lehrpläne für die allgemeinbildenden Schulen in Bayern sind abrufbar unter: https://www.lehrplanplus.bayern.de/.

[195] Vgl. auch Sprachliche Bildung: Pflege und Erhalt der deutschen Sprache als Aufgabe aller Schularten und aller Fächer. Bekanntmachung des Bayerischen Staatsministeriums für Bildung und Kultus, Wissenschaft und Kunst vom 17. 06. 2014, Az.: VI.4 – 5 S 4402.5 – 6a.9 171, KWMBl Nr. 10/2014, S. 98 (abrufbar unter: https://www.gesetze-bayern.de/Content/Document/BayVwV288131).

[196] Vgl. VG Augsburg, Urteil vom 08. 04. 2008 – Au 3 K 07.1043, BeckRS 2008, 44345; *Poscher/Neupert*, RdJB 2005, 244 (254).

satzschulen auch insoweit gleichwertig sein müssen. Die Internationalen Schulen setzen überwiegend Lehrkräfte ein, die ihre akademische Ausbildung nicht in Deutschland, sondern im Ausland erworben haben und dementsprechend eine nicht deutsche Muttersprache haben.[197] Das wirft die Frage auf, ob der Ersatzschulbegriff Anforderungen an die Gleichwertigkeit der wissenschaftlichen Ausbildung der Lehrkräfte privater Schulen stellt.

Gem. Art. 7 Abs. 4 S. 3 GG ist die wissenschaftliche Ausbildung der Lehrkräfte privater Schulen Teil der Voraussetzungen für die Genehmigung als Ersatzschule. Private Schulen dürfen, um als Ersatzschulen genehmigt zu werden, „in der wissenschaftlichen Ausbildung ihrer Lehrkräfte nicht hinter den öffentlichen Schulen zurückstehen" (Art. 7 Abs. 4 S. 3 GG). Da es sich bei dem Ersatzschulbegriff (Art. 7 Abs. 4 S. 2 GG) und der Prüfung der Genehmigungsvoraussetzungen (Art. 7 Abs. 4 S. 3 und 4 GG) um systematisch zu trennende Aspekte handelt, wobei der Ersatzschulbegriff der Genehmigungsprüfung vorgelagert ist,[198] sind Aspekte, die Teil der Genehmigungsprüfung sind, nicht (auch) bereits beim Ersatzschulbegriff zu berücksichtigen. Eine Doppelprüfung ist verfassungsrechtlich nicht gewollt. Die Gleichwertigkeit der fachlichen Ausbildung der Lehrkräfte[199] ist daher ausschließlich auf der dem Ersatzschulbegriff nachgelagerten Ebene der Genehmigungsvoraussetzungen zu prüfen.

Für den vorgelagerten Ersatzschulbegriff können allenfalls die „Herkunft" der Lehrkräfte, d. h. die „Herkunft" ihrer wissenschaftlichen Ausbildung (Erwerb im In- oder Ausland), und ihre Muttersprache (Deutsch oder andere Sprache) relevant sein. Allerdings lässt sich auch vertreten, dass die „Herkunft" der Lehrkräfte Teil ihrer wissenschaftlichen Ausbildung und daher eine Frage der Genehmigungsprüfung nach Art. 7 Abs. 4 S. 3 GG ist.

In jedem Fall ist der Einsatz von Lehrkräften mit in Deutschland erworbener wissenschaftlicher Ausbildung und deutscher Muttersprache nur dann ein den Bildungsgang prägendes und damit konstitutives Merkmal des Ersatzschulbegriffes, wenn sich dies aus den landesschulrechtlichen Regelungen des jeweiligen Bildungsganges und Abschlusses ergibt.

(1) Im Ausland erworbene wissenschaftliche Ausbildung

Weder die Verfassung des Freistaates Bayern noch das Bayerische Gesetz über das Erziehungs- und Unterrichtswesen verhalten sich ausdrücklich dazu, ob die Lehrkräfte an allgemeinbildenden Schulen ihre wissenschaftliche Ausbildung in Deutschland erworben haben müssen.

---

[197] S. unter A. I.

[198] Näher unter C. III. 1. a).

[199] Zu dieser Genehmigungsvoraussetzung näher statt vieler *Brosius-Gersdorf*, in: Dreier, Grundgesetz, Art. 7 Rn. 123.

Die Anforderungen an die wissenschaftliche Qualifikation von Lehrkräften an öffentlichen Schulen regelt das Bayerische Lehrerbildungsgesetz. Danach setzt die Befähigung für ein Lehramt an öffentlichen Grund- und Mittelschulen sowie Gymnasien (s. Art. 2 Nr. 1, 2 und 4 BayLBG) eine abgeschlossene wissenschaftliche oder künstlerische Vorbildung (Studium) und eine abgeschlossene schulpraktische Ausbildung (Vorbereitungsdienst) voraus (Art. 1 Halbs. 1 BayLBG). Das Studium für ein Lehramt ist grundsätzlich an einer staatlichen Universität oder Kunsthochschule in einem Land der Bundesrepublik Deutschland (Art. 4 Abs. 1 S. 1 BayLBG) oder an einer gleichwertigen nichtstaatlichen Hochschule (Art. 4 Abs. 2 BayLBG) durchzuführen. Entsprechend muss der Vorbereitungsdienst grundsätzlich in einem Land der Bundesrepublik Deutschland abgeleistet werden (vgl. Art. 5 BayLBG). Erworben wird die Befähigung für ein Lehramt an öffentlichen Schulen grundsätzlich durch das Bestehen der Ersten Lehramtsprüfung und der Zweiten Staatsprüfung für dieses Lehramt in einem Land der Bundesrepublik Deutschland (Art. 7 Abs. 1 bis 3 BayLBG).

Jedoch kann auch eine außerhalb der Bundesrepublik Deutschland erworbene Befähigung der Befähigung für ein Lehramt an öffentlichen Schulen entsprechen, was das Staatsministerium durch Feststellung entscheidet (Art. 7 Abs. 2 BayLBG). Für Personen, die in einem Mitgliedstaat der Europäischen Union oder in einem anderen Vertragsstaat des Abkommens über den Europäischen Wirtschaftsraum außerhalb der Bundesrepublik Deutschland ein Diplom erworben haben, das eine Ausbildung für den Beruf des Lehrers / der Lehrerin abschließt, oder die die Berechtigung erworben haben, den Beruf des Lehrers / der Lehrerin auszuüben, richtet sich die Feststellung der Lehramtsbefähigung gem. Art. 7 Abs. 4 S. 1 Halbs. 1 BayLBG nach der Richtlinie 2005/36/EG des Europäischen Parlaments und des Rates vom 07.09.2005 über die Anerkennung von Berufsqualifikationen.[200] Das gilt entsprechend für Drittstaaten und Drittstaatsangehörige, soweit sich hinsichtlich der Diplomanerkennung nach dem Recht der Europäischen Union eine Gleichstellung ergibt (Art. 7 Abs. 4 S. 1 Halbs. 2 BayLBG). Die Einzelheiten des Vollzugs der EU-Richtlinie sind auf der Grundlage des Art. 7 Abs. 4 S. 4 BayLBG in der Verordnung zum Vollzug des Art. 7 Abs. 4 des Bayerischen Lehrerbildungsgesetzes (EG-Richtlinienverordnung für Lehrer – EGRiLV-Lehrer) vom 23.07.1992 geregelt.[201] Für Personen, die ein Lehrer-Diplom oder eine Lehramtsbefähigung in einem Drittstaat erworben haben, für den sich hinsichtlich der Diplomanerkennung nach dem Recht der Europäischen Union keine Gleichstellung ergibt (vgl. § 2 EGRiLV-Lehrer: Staaten, die nicht Mitgliedstaat der Europäischen Union, Vertragsstaat des Europäischen Wirtschaftsraumes oder die Schweiz sind), sieht das Bayerische Lehrerbildungsgesetz keine Feststellung vor, ob die im Drittstaat erworbene Befähigung der in Deutschland erworbenen Befähigung für ein Lehramt an bayerischen öffentlichen Schulen entspricht.

---

[200] ABl. L 255/22 vom 30.09.2005.

[201] GVBl. 1992, S. 245.

Für das öffentliche Schulsystem in Bayern ist somit der Erwerb einer wissenschaftlichen Lehramtsausbildung in Deutschland kein konstitutives Merkmal allgemeinbildender Bildungsgänge. Es kann auch eine wissenschaftliche Lehramtsausbildung aus einem anderen Mitgliedstaat der Europäischen Union, einem Vertragsstaat des Europäischen Wirtschaftsraumes oder der Schweiz als Lehramtsbefähigung anerkannt werden (Art. 7 Abs. 2 und 4 BayLBG i. V. m. der EG-Richtlinienverordnung für Lehrer). Ein Lehrer-Diplom oder eine Lehramtsbefähigung aus einem anderen Drittstaat genügt jedoch nicht. Die „Herkunft“ der Lehramtsausbildung könnte daher insofern konstitutiv sein für die allgemeinbildenden Bildungsgänge an öffentlichen Schulen, als die Ausbildung nicht in einem solchen Drittstaat absolviert worden sein darf.

Ob dies jedoch auch für private Ersatzschulen gilt, ist zweifelhaft. Die Anforderungen an den Einsatz von Lehrkräften im Bayerischen Lehrerbildungsgesetz i. V. m. der EG-Richtlinienverordnung für Lehrer gelten unmittelbar nur für öffentliche Schulen. Die Voraussetzungen für den Lehrkräfteeinsatz an privaten Ersatzschulen regeln Art. 92 und Art. 94 BayEUG, welche die verfassungsrechtliche Genehmigungsvoraussetzung „Nichtzurückstehen in der wissenschaftlichen Ausbildung ihrer Lehrkräfte“ (Art. 7 Abs. 4 S. 3 GG) konkretisieren. Gem. Art. 92 Abs. 2 Nr. 2 BayEUG ist Voraussetzung für die Genehmigung einer privaten Schule als Ersatzschule u. a., dass die Ersatzschule in der wissenschaftlichen oder künstlerischen Ausbildung ihrer Lehrkräfte hinter den öffentlichen Schulen nicht zurücksteht. Nach Art. 94 Abs. 1 S. 1 BayEUG sind die Anforderungen an die Ausbildung der Lehrkräfte erfüllt, wenn eine fachliche und pädagogische Ausbildung sowie Prüfungen nachgewiesen werden, die der Ausbildung und den Prüfungen der Lehrkräfte an den entsprechenden öffentlichen Schulen gleichartig sind oder ihnen im Wert gleichkommen. Gem. Art. 94 Abs. 2 BayEUG verzichtet das zuständige Staatsministerium auf diesen Nachweis nach Art. 94 Abs. 1 S. 1 BayEUG, wenn die Eignung der Lehrkraft durch gleichwertige freie Leistungen nachgewiesen wird.

Die Lehrkräfte an privaten Ersatzschulen müssen mithin nicht dieselbe, sondern nur eine wertgleiche, d. h. gleichwertige wissenschaftliche Ausbildung haben wie Lehrkräfte an öffentlichen Schulen. Es genügen sogar gleichwertige freie Leistungen. Jedoch ist damit nicht gesagt, dass es auf die Herkunft des Nachweises der gleichwertigen wissenschaftlichen Ausbildung bzw. der gleichwertigen freien Leistungen nicht ankommt. Auch betreffen Art. 92 und Art. 94 BayEUG systematisch erst die dem Ersatzschulbegriff nachgelagerte Ebene der Genehmigungsvoraussetzungen.

Es ist daher unklar, ob die „Herkunft“ der wissenschaftlichen Ausbildung der Lehrkräfte zu den konstituierenden Merkmalen des verfassungsrechtlichen Ersatzschulbegriffes gehört. Doch selbst sofern man dies annehmen wollte, müssten private Schulen als Ersatz für öffentliche Schulen nur eine gleichwertige Lehrkräfteausbildung nachweisen. Gleichartigkeit darf von Verfassungs wegen nicht gefordert werden. Aus diesem Grund steht der Einsatz von Lehrkräften aus anderen Drittstaaten als aus einem Mitgliedstaat der Europäischen Union, einem Vertragsstaat des Europäischen Wirtschaftsraumes oder der Schweiz bei Gleichwertigkeit der wissenschaftlichen Ausbildung mit der für Lehrkräfte an öffentlichen Schulen geforderten Ausbildung der Ersatzschulqualität nicht entgegen. Da sich die Ersatzschuleigenschaft auf der Grundlage des materiell-funktionalen Ersatzschulbegriffes nicht nach der Gleichartigkeit, sondern nach der Gleichwertigkeit der Bildungsgänge und Abschlüsse bestimmt, ist die „Herkunft" der wissenschaftlichen Ausbildung der Lehrkräfte keine unüberwindbare Hürde. Entscheidend ist nicht das Land, in dem eine wissenschaftliche Befähigung erworben wird, sondern deren qualitative Gleichwertigkeit mit der wissenschaftlichen Ausbildung der Lehrkräfte an öffentlichen Schulen.

(2) Nicht deutsche Muttersprache

Dafür, dass die Lehrkräfte privater Ersatzschulen über vergleichbare (gleichwertige) Deutschkenntnisse verfügen müssen wie Lehrkräfte öffentlicher Schulen, spricht, dass sie anderenfalls nicht in der Lage wären, den Unterricht in deutscher Sprache zu erteilen. Die deutsche Unterrichtssprache wird man aber zu den konstitutiven Elementen des Ersatzschulbegriffes zählen müssen.[202]

Auch müssen gem. Art. 7 Abs. 4 S. 2 i. V. m. S. 1 BayLBG BewerberInnen für Lehrämter an öffentlichen Schulen, die in einem Mitgliedstaat der Europäischen Union oder in einem anderen Vertragsstaat des Abkommens über den Europäischen Wirtschaftsraum außerhalb der Bundesrepublik Deutschland ein Diplom erworben haben, das eine Ausbildung für den Beruf des Lehrers / der Lehrerin abschließt, oder die die Berechtigung erworben haben, den Beruf des Lehrers / der Lehrerin auszuüben, zum Zwecke der Feststellung der Lehramtsbefähigung die für den Unterricht erforderlichen deutschen Sprachkenntnisse nachweisen.

Dementsprechend heißt es in der Bekanntmachung des Bayerischen Staatsministeriums für Bildung und Kultus, Wissenschaft und Kunst „Sprachliche Bildung: Pflege und Erhalt der deutschen Sprache als Aufgabe aller Schularten und aller Fächer": „An allen Schularten sind die Lehrkräfte aller Fächer die sprachlichen Vorbilder ihrer Schülerinnen und Schüler."[203]

Die für den Unterricht erforderlichen deutschen Sprachkenntnisse von Lehrkräften wird man somit zu den elementaren Merkmalen der Bildungsgänge und Abschlüsse an öffentlichen allgemeinbildenden Schulen in Bayern zu zählen haben.

---

202 Zur deutschen Unterrichtssprache an allgemeinbildenden Schulen s. unter C. III. 2. c) bb).

203 Sprachliche Bildung: Pflege und Erhalt der deutschen Sprache als Aufgabe aller Schularten und aller Fächer. Bekanntmachung des Bayerischen Staatsministeriums für Bildung und Kultus, Wissenschaft und Kunst vom 17.06.2014, Az.: VI.4–5 S 4402.5–6a.9 171, KWMBl Nr. 10/2014, S. 98 (abrufbar unter: https://www.gesetze-bayern.de/Content/Document/BayVwV288131).

Die Qualifizierung privater Schulen als Ersatzschulen für öffentliche Schulen setzt daher voraus, dass ihre Lehrkräfte über gleichwertige Sprachkenntnisse verfügen.

Sofern man die Sprachkenntnisse der Lehrkräfte nicht zu den Merkmalen des Ersatzschulbegriffes i. S. d. Art. 7 Abs. 4 S. 2 GG zählen wollte, wäre diesbezügliche Gleichwertigkeit mit den Lehrkräften öffentlicher Schulen wohl im Rahmen der Genehmigungsprüfung nach Art. 7 Abs. 4 S. 3 und 4 GG zu prüfen. Zur Gleichwertigkeit der „wissenschaftlichen Ausbildung ihrer Lehrkräfte" i. S. d. Art. 7 Abs. 4 S. 3 GG dürften auch Sprachkenntnisse der Lehrkräfte gehören.

dd) Schülerschaft

Zu den ebenfalls ungeklärten Fragen gehört, ob die Herkunft der Schülerschaft ein prägendes Merkmal des Bildungsganges der öffentlichen allgemeinbildenden Schulen in Bayern ist, sodass private Ersatzschulen auch insoweit gleichwertig sein müssten. Die Frage stellt sich, weil sich das Angebot der Internationalen Schulen in Bayern primär an Kinder international mobiler Eltern richtet, die als ausländische Fach- und Führungskräfte für eine begrenzte Zeit nach Deutschland kommen. Ergänzend nehmen die Internationalen Schulen allerdings auch Kinder mit dauerhaftem Wohnsitz in Deutschland auf.[204]

Eine Beschränkung des Zuganges der Schulen auf Kinder mit deutscher Staatsangehörigkeit, deutscher Muttersprache und dauerhaftem Wohnsitz in Deutschland folgt nicht aus dem Zweck der Schulaufgabe des Staates (s. Art. 7 Abs. 1 GG, Art. 130 Abs. 1 BV). Der staatliche Schulauftrag dient dazu, die Entwicklung der Persönlichkeit der Kinder zu fördern,[205] ihnen entsprechend ihren Fähigkeiten einen chancengleichen Zugang zu Ausbildung, Studium und Beruf zu ermöglichen[206] und sie zu verantwortlichen Staatsbürgerinnen und Staatsbürgern heranzubilden, die an den demokratischen Prozessen in der Gesellschaft teilhaben und in die soziale Gemeinschaft integriert sind.[207] Die Teilhabe an Ausbildung, Studium und Beruf sowie an demokratischen Prozessen lässt sich im Inland ebenso verwirklichen wie im Ausland; das Gleiche gilt für die Persönlichkeitsentfaltung und die Integration in die soziale Gemeinschaft. Entsprechend ist die Schulaufgabe des Staates (Art. 7 Abs. 1 GG) nicht auf Kinder mit deutscher Staatsangehörigkeit, deutscher Muttersprache und dauerhaftem Wohnsitz in Deutschland begrenzt.

Dass die öffentlichen allgemeinbildenden Schulen in Bayern (ebenso wie in anderen Bundesländern) nicht auf die Beschulung von Kindern mit deutscher

---

[204] S. oben A. I.

[205] BVerfGE 34, 165 (188); BVerfGK 8, 151 (155); *Guckelberger*, RdJB 2012, 5 (12); *Müller*, Schulische Eigenverantwortung und staatliche Aufsicht, S. 51 ff.; *Rux*, RdJB 2002, 423 (430 f.); *Kersten*, DÖV 2007, 50 (52).

[206] *Kersten*, DÖV 2007, 50 (52); *Stern*, Staatsrecht IV/2, S. 429; vgl. auch BVerfGE 59, 360 (377).

[207] BVerfGE 47, 46 (72); 93, 1 (20); BVerfGK 8, 151 (155); BVerfG, NVwZ 2008, 72 (73).

Staatsangehörigkeit, deutscher Muttersprache und dauerhaftem Wohnsitz in Deutschland beschränkt sind, sondern auch Kindern aus anderen Ländern offenstehen, deren Eltern als ausländische ArbeitnehmerInnen für eine begrenzte Zeit nach Deutschland kommen, ergibt sich aus Art. 35 bis 37 BayEUG, die die Schulpflicht regeln. Gem. Art. 35 Abs. 1 S. 1 BayEUG unterliegt der Schulpflicht, wer die altersmäßigen Voraussetzungen erfüllt (s. Art. 37 BayEUG) und in Bayern seinen gewöhnlichen Aufenthalt hat (oder in einem Berufsausbildungsverhältnis oder einem Beschäftigungsverhältnis steht). Aus Art. 35 Abs. 1 S. 2 BayEUG ergibt sich, dass die Schulpflicht auch für aus dem Ausland zugezogene Kinder gilt. Nach Art. 35 Abs. 1 S. 2 BayEUG ist auch schulpflichtig, wer eine Aufenthaltsgestattung nach dem Asylgesetz besitzt (Nr. 1), eine Aufenthaltserlaubnis nach § 23 Abs. 1, § 24 oder § 25 Abs. 4 S. 1 oder Abs. 5 Aufenthaltsgesetz hat (Nr. 2), eine Duldung nach § 60a Aufenthaltsgesetz besitzt (Nr. 3) oder vollziehbar ausreisepflichtig ist (Nr. 4). Dementsprechend stellt die Schule gem. Art. 36 Abs. 3 S. 1 BayEUG für alle aus dem Ausland zugezogenen Schulpflichtigen fest, in welche Jahrgangsstufe der Pflichtschule (s. Art. 36 Abs. 1 S. 1 Nr. 1 BayEUG) sie einzuweisen sind. Schulpflichtige, die dem Unterricht wegen mangelnder Kenntnis der deutschen Sprache nicht folgen können, sind, soweit organisatorisch und finanziell möglich, besonderen Klassen oder Unterrichtsgruppen zuzuweisen (Art. 36 Abs. 3 S. 5 BayEUG).

Dementsprechend sind nach dem Bayerischen Integrationsgesetz die Zugangsvoraussetzungen zu den einzelnen schulischen Bildungswegen und -einrichtungen einschließlich begründeter Ausnahmen für SchülerInnen nichtdeutscher Muttersprache zu regeln (Art. 3 Abs. 1 S. 3 BayIntG). Und gem. Art. 7 Abs. 3 S. 1 BayIntG können für SchülerInnen nichtdeutscher Muttersprache insbesondere in Pflichtschulen gesonderte Klassen und sonstige Fördermaßnahmen zur Sprachförderung und schulischen Integration eingerichtet werden.

All das zeigt, dass die öffentlichen allgemeinbildenden Schulen in Bayern nicht nur Kindern mit deutscher Staatsangehörigkeit, deutscher Muttersprache und dauerhaftem Wohnsitz in Deutschland offenstehen, sondern auch für aus dem Ausland zugezogene Kinder mit nicht deutscher Muttersprache zugänglich sind.[208] Auch Quoten für inländische und ausländische Kinder an öffentlichen Schulen oder Bestimmungen über die „primäre" Aufgabe öffentlicher Schulen, Kinder mit deutscher Staatsangehörigkeit zu beschulen, existieren nicht.

Dementsprechend nehmen die öffentlichen allgemeinbildenden Schulen in Bayern selbstredend neben Kindern mit deutscher Staatsangehörigkeit, deutscher Muttersprache und dauerhaftem Wohnsitz in Deutschland auch Kinder mit ausländischer Staatsangehörigkeit und nicht deutscher Muttersprache auf, die etwa wegen einer zeitweiligen Beschäftigung ihrer Eltern im Freistaat vorübergehend einen Wohnsitz im Land haben.

---

[208] Zur Unerheblichkeit der Staatsangehörigkeit der Kinder für die Schulpflicht bzw. deren Geltung auch für AusländerInnen bezogen auf sämtliche Bundesländer statt vieler *Rux*, Schulrecht, § 2 Rn. 209 f.; *Avenarius/Hanschmann*, Schulrecht, S. 346.

Für die Ersatzschulen folgt das Recht, Kinder nicht deutscher Staatsangehörigkeit aufzunehmen, außerdem ausdrücklich aus Art. 92 Abs. 5 S. 3 BayEUG. Danach kann staatlich genehmigten Ersatzschulen, *die für Kinder nicht deutscher Staatsangehöriger bestimmt sind*, ein von Art. 5 Abs. 1 BayEUG abweichendes Schuljahr genehmigt werden. Der Bayerische Landesgesetzgeber hat damit unmissverständlich festgelegt, dass Ersatzschulen nicht nur Kinder nicht deutscher Staatsangehörigkeit aufnehmen dürfen, sondern sogar für sie „bestimmt" sein, also primär oder ausschließlich für sie errichtet und betrieben werden dürfen.

Schließlich ergibt sich auch aus Verfassungsrecht, dass der Ersatzschulbegriff des Art. 7 Abs. 4 S. 2 GG nicht auf die Beschulung von Kindern mit deutscher Staatsangehörigkeit, deutscher Muttersprache und dauerhaftem Wohnsitz in Deutschland beschränkt ist. Art. 7 Abs. 4 S. 3 GG bindet die Genehmigung von Ersatzschulen an die Voraussetzung, dass eine Sonderung der SchülerInnen nach den Besitzverhältnissen der Eltern nicht gefördert wird. Dieses Sonderungsverbot verbietet den Ersatzschulen, ihre SchülerInnen nach den Einkommens- und Vermögensverhältnissen der Eltern auszuwählen.[209] Eine Auswahl der SchülerInnen nach anderen – besitzfremden – Kriterien wie ihrer Herkunft aus dem Ausland untersagt Art. 7 Abs. 4 S. 3 GG nicht. Das Recht zur Auswahl der SchülerInnen nach anderen (besitzfremden) autonom gewählten Kriterien ist den Ersatzschulen im Gegenteil verfassungsrechtlich durch Art. 7 Abs. 4 S. 1 GG garantiert. Art. 7 Abs. 4 S. 3 GG untersagt den Ersatzschulen ausschließlich die Anknüpfung an die Besitzverhältnisse der Eltern und lässt die Anwendung anderer Auswahlkriterien unberührt. Welche besitzfremden Kriterien die Ersatzschulen der SchülerInnenauswahl zugrunde legen (z. B. Herkunft aus dem Ausland), liegt nach Art. 7 Abs. 4 S. 1 GG in ihrer Gestaltungsfreiheit.[210]

Schließlich wäre eine Beschränkung der öffentlichen Schulen auf Kinder mit deutscher Staatsangehörigkeit, deutscher Muttersprache und dauerhaftem Wohnsitz in Deutschland oder auch nur eine primäre Öffnung für sie unionsrechtswidrig. Kindern von Arbeitnehmerinnen und Arbeitnehmern aus einem Mitgliedstaat der Europäischen Union, die sich in einem anderen Mitgliedstaat aufhalten, um dort einer Beschäftigung nachzugehen, haben wegen der durch Art. 45 AEUV gewährleisteten Arbeitnehmerfreizügigkeit das Recht, Schulen in anderen Mitgliedstaaten der Europäischen Union unter denselben Bedingungen zu besuchen wie die Staatsangehörigen des betreffenden Mitgliedstaates.[211] Das Verbot der Diskriminierung aus Gründen der Staatsangehörigkeit gehört zu den elementaren Prinzipien des Europäischen Unionsrechtes (s. Art. 18 AEUV), das Vorrang beansprucht ge-

---

[209] Näher unter E. II.

[210] Zum Recht der SchülerInnenauswahl aus Art. 7 Abs. 4 S. 1 GG statt vieler BVerfGE 112, 74 (83); BVerwGE 12, 349 (351); *Kösling*, Die private Schule gemäß Art. 7 Abs. 4, 5 GG, S. 139; *Pieroth/Barczak*, in: Avenarius – Pieroth/Barczak, Die Herausforderung des öffentlichen Schulwesens durch private Schulen, S. 71 (93); *Loschelder*, in: Merten/Papier, Handbuch der Grundrechte IV/1, § 110 Rn. 75, 99.

[211] Näher bei und in Fn. 187.

genüber dem gesamten nationalen Recht.[212] Aus diesem Diskriminierungsverbot folgt zwar wohl nicht eine Verpflichtung des Freistaates Bayern, für Kinder von Eltern aus anderen Mitgliedstaaten, die in Deutschland als WanderarbeitnehmerInnen leben und arbeiten (Art. 45 AEUV), Internationale Schulen vorzuhalten, die nach internationalen Lehrplänen in englischer Unterrichtssprache zu internationalen Abschlüssen führen.[213] Der Freistaat muss den Kindern von Wanderarbeitnehmerinnen und Wanderarbeitnehmern aber unter denselben Bedingungen Zugang zu seinen Schulen gewähren wie Kindern mit deutscher Staatsangehörigkeit.

Es steht damit fest, dass die deutsche Staatsangehörigkeit, die deutsche Muttersprache und der dauerhafte Wohnsitz von Kindern in Deutschland keine prägenden Merkmale des Bildungsganges der öffentlichen allgemeinbildenden Schulen in Bayern sind. Schon aus diesem Grund dürfen für die Ersatzschuleigenschaft i. S. d. Art. 7 Abs. 4 S. 2 GG keine Anforderungen an die Herkunft der SchülerInnen gestellt werden. Eine entsprechende Anforderung an Ersatzschulen wäre nicht nur schulgesetzwidrig, sondern auch verfassungs- und unionsrechtswidrig.

IV. Bundesverfassungskonforme Auslegung des Landesschulrechtes (Art. 134 BV, Art. 90 ff. BayEUG)

In diesen bundesverfassungsrechtlichen Rahmen für private Ersatzschulen muss sich das Landesschulrecht einfügen. Der Begriff der Ersatzschule ist in Art. 7 Abs. 4 S. 2 GG ebenso abschließend festgelegt wie die Genehmigungsvoraussetzungen für Ersatzschulen durch Art. 7 Abs. 4 S. 3 und 4 GG abschließend geregelt sind.[214] Ob eine Privatschule Ersatzschule i. S. d. Art. 7 Abs. 4 S. 2 GG ist, bestimmt sich allein nach Bundesverfassungsrecht. Den Ländern ist der durch Art. 7 Abs. 4 GG abschließend normierte Ersatzschulbegriff verfassungsrechtlich bindend vorgegeben. Der Landesgesetzgeber darf zwar gem. Art. 70 Abs. 1 GG (s. auch Art. 7 Abs. 4 S. 2 GG: „und unterstehen den Landesgesetzen") festlegen, welche öffentlichen Schulen es im Land gibt, für die eine Privatschule Ersatz sein kann. (Nur) In diesem Sinne besteht eine Akzessorietät der Ersatzschulen zu den öffentlichen Schulen. Er darf aber die Kriterien für die Prüfung, ob private Schulen als Ersatz für im Land vorgesehene öffentliche Schulen errichtet und betrieben werden dürfen, nicht ändern. Diese Kriterien folgen aus Art. 7 Abs. 4 S. 2 GG. Dem Landesgesetzgeber steht insoweit keine ergänzende Bestimmungsbefugnis zu, sondern er darf die verfassungsrechtlichen Merkmale des Ersatzschulbegriffes lediglich konkretisieren.[215]

---

[212] Zum Vorrangprinzip s. zuletzt BVerfGE 140, 317 (335 ff.).

[213] S. bereits unter C. III. 2. c) bb).

[214] Zur abschließenden Regelung der Genehmigungsvoraussetzungen für Ersatzschulen in Art. 7 Abs. 4 S. 3 und 4 GG näher bei und in Fn. 24.

[215] S. hierzu insgesamt näher oben unter C. III. 1. a).

Hinter dem verfassungsrechtlichen Ersatzschulbegriff des Art. 7 Abs. 4 S. 2 GG zurückbleibende landesrechtliche Regelungen zur Ersatzschule sind wegen des normenhierarchischen Vorrangs der Bundesverfassung gegenüber dem Landesrecht (s. Art. 31, Art. 142 GG) verfassungskonform auszulegen oder – wenn und soweit Auslegungsspielräume nicht bestehen – wegen Verstoßes gegen Art. 7 Abs. 4 S. 2 GG verfassungswidrig. Dasselbe gilt für offene oder unklare landesrechtliche Regelungen zum Ersatzschulbegriff.[216]

1. Konsequenzen für die Interpretation des Art. 134 BV

Die Verfassung des Freistaates Bayern widmet sich dem Privatschulwesen in Art. 134.

a) Ersatzschulbegriff (Art. 134 Abs. 1 BV)

Gem. Art. 134 Abs. 1 BV müssen Privatschulen den an die öffentlichen Schulen gestellten Anforderungen entsprechen (Satz 1) und können nur mit Genehmigung des Staates errichtet und betrieben werden (Satz 2).

Art. 134 Abs. 1 S. 1 BV ist im Lichte des Art. 7 Abs. 4 GG dergestalt auszulegen, dass nicht sämtliche Privatschulen den an die öffentlichen Schulen gestellten Anforderungen entsprechen müssen, sondern nur private Ersatzschulen.[217] Für private Ergänzungsschulen gilt nach Art. 7 Abs. 4 S. 1 GG gerade kein Erfordernis der Akzessorietät zum öffentlichen Schulwesen,[218] sodass dieses landesverfassungsrechtlich nicht verlangt werden darf.

Die Formulierung in Art. 134 Abs. 1 S. 1 BV „den an die öffentlichen Schulen gestellten Anforderungen entsprechen" ist in Übereinstimmung mit dem Ersatzschulbegriff des Art. 7 Abs. 4 S. 2 GG bundesverfassungskonform so zu interpretieren, dass private Ersatzschulen den im Land vorgesehenen öffentlichen Schulen nach dem angebotenen Inhalt und Abschluss des Bildungsganges entsprechen, d. h. gleichwertig sein müssen. Über diesen materiell-funktionalen Ersatzschulbegriff des Art. 7 Abs. 4 S. 2 GG hinausgehende Akzessorietätsanforderungen an private Ersatzschulen sind bundesverfassungswidrig.

---

[216] Zum Verhältnis zwischen dem Grundgesetz und Landesrecht s. etwa BVerfGE 96, 345 (364 ff.); zum Gebot bundesverfassungskonformer Auslegung von Landesrecht s. zuletzt BVerfGE 119, 247 (273 ff.). Zum Gebot verfassungskonformer Auslegung der landesschulrechtlichen Regelungen zur Ersatzschule im Lichte des Art. 7 Abs. 4 GG s. etwa *Müller*, Das Recht der Freien Schule, S. 308; vgl. auch *Robbers*, in: v. Mangoldt/Klein/Starck, Grundgesetz, Art. 7 Rn. 193.

[217] Ebenso *Möstl*, in: Lindner/Möstl/Wolff, Verfassung des Freistaates Bayern, Art. 134 Rn. 4.

[218] Näher oben C. III. 1. a).

Das Genehmigungserfordernis des Art. 134 Abs. 1 S. 2 BV darf im Lichte des Art. 7 Abs. 4 S. 2 GG ebenfalls nur für private Ersatzschulen gelten, nicht auch für private Ergänzungsschulen.[219] Art. 7 Abs. 4 GG differenziert zwischen genehmigungsbedürftigen Ersatzschulen (Satz 2) und nicht genehmigungsbedürftigen Ergänzungsschulen (Satz 1). Diese Differenzierung würde unterlaufen, wenn neben Ersatzschulen auch Ergänzungsschulen genehmigungspflichtig wären. Die Einführung einer Genehmigungspflicht für Ergänzungsschulen ist mit Art. 7 Abs. 4 S. 1 GG unvereinbar.[220]

b) Genehmigungsvoraussetzungen (Art. 134 Abs. 2, 3 BV)

Entsprechend sind Art. 134 Abs. 2 und 3 BV, die Anforderungen an die Genehmigung von Privatschulen vorsehen, bundesverfassungskonform auszulegen. Nach Art. 134 Abs. 2 BV ist die Genehmigung zu erteilen, wenn die Schule in ihren Lernzielen (Art. 131 BV) und Einrichtungen sowie in der wissenschaftlichen Ausbildung ihrer LehrerInnen nicht hinter den gleichartigen öffentlichen Schulen zurücksteht, wenn die wirtschaftliche und rechtliche Stellung der LehrerInnen genügend gesichert ist und gegen die Person des Schulleiters / der Schulleiterin keine Bedenken bestehen. Gem. Art. 134 Abs. 3 BV dürfen private Volksschulen nur unter besonderen Voraussetzungen zugelassen werden (Satz 1). Diese Voraussetzungen liegen insbesonders vor, wenn den Erziehungsberechtigten eine öffentliche Schule ihres Bekenntnisses oder ihrer Weltanschauung nicht zur Verfügung steht (Satz 2).

Die Genehmigungsvoraussetzungen nach Art. 134 Abs. 2 BV dürfen im Lichte des Art. 7 Abs. 4 S. 2 bis 4 GG nur für Ersatzschulen, nicht auch für Ergänzungsschulen gelten. Ergänzungsschulen unterliegen nach dem Grundgesetz weder einem Genehmigungserfordernis[221] noch (dementsprechend) Genehmigungsvoraussetzungen.[222]

Die für private (Ersatz-)Schulen in Art. 134 Abs. 2 BV genannten Genehmigungsbedingungen könnten insofern enger gefasst sein als die Genehmigungsvoraussetzungen nach Art. 7 Abs. 4 S. 3 GG, als Art. 134 Abs. 2 BV „gleichartige öffentliche Schulen“ als Vergleichsobjekt nennt, wobei es in Übereinstimmung mit Art. 7 Abs. 4 S. 3 GG auf ein „Nichtzurückstehen“ der privaten Schulen in ihren Lernzielen, Einrichtungen sowie der wissenschaftlichen Ausbildung der Lehrkräfte ankommt. Damit erscheint die Regelung des Art. 134 Abs. 2 BV unklar, weil nicht eindeutig ist, ob sie als Maßstab für den Akzessorietätstest Gleichartigkeit („gleichartige öffentliche Schulen“) oder Gleichwertigkeit

---

[219] Vgl. *Möstl*, in: Lindner/Möstl/Wolff, Verfassung des Freistaates Bayern, Art. 134 Rn. 4.

[220] *Brosius-Gersdorf*, in: Dreier, Grundgesetz, Art. 7 Rn. 113 mit weiteren Nachweisen; anderer Ansicht *Geis*, in: Meder/Brechmann, Die Verfassung des Freistaates Bayern, Art. 134 Rn. 11.

[221] S. oben bei und in Fn. 220.

[222] Vgl. nur *Brosius-Gersdorf*, in: Dreier, Grundgesetz, Art. 7 Rn. 113, 119.

(„Nichtzurückstehen“) fordert. Im Lichte des Art. 7 Abs. 4 S. 3 GG muss Art. 134 Abs. 2 BV bundesverfassungskonform so interpretiert werden, dass lediglich Gleichwertigkeit der privaten Schulen mit im Land vorgesehenen öffentlichen Schulen verlangt werden darf.[223]

Im Übrigen sieht Art. 134 Abs. 2 BV keine dem Art. 7 Abs. 4 S. 3 GG entsprechende Bestimmung zum Sonderungsverbot für private Ersatzschulen vor. Ungeachtet der Frage, welche Konsequenzen das für die Interpretation des Art. 134 Abs. 2 BV hat,[224] gilt das Sonderungsverbot des Art. 7 Abs. 4 S. 3 GG für alle privaten Ersatzschulen in Deutschland unmittelbar.

Die abweichend vom Wortlaut des Art. 7 Abs. 4 S. 3 und 4 GG vorgesehene Genehmigungsvoraussetzung des Art. 134 Abs. 2 BV, dass „gegen die Person des Schulleiters keine Bedenken bestehen“ dürfen, dürfte bundesverfassungsrechtlich von der Genehmigungsvoraussetzung „Nichtzurückstehen in der wissenschaftlichen Ausbildung ihrer Lehrkräfte“ erfasst sein, sodass ein Konflikt mit dem Grundgesetz wohl nicht besteht.[225]

Die besonderen Anforderungen an private Volksschulen in Art. 134 Abs. 3 BV bleiben auf den ersten Blick hinter Art. 7 Abs. 5 GG zurück, der weitere Genehmigungstatbestände für private Ersatzvolksschulen vorsieht. Mit Blick auf die Formulierung „insbesonders“ enthält Art. 134 Abs. 3 BV indes keine abschließende Regelung der Genehmigung von privaten Volksschulen. Im Übrigen kommen die weiteren Genehmigungstatbestände des Art. 7 Abs. 5 GG unmittelbar zur Anwendung.[226]

2. Konsequenzen für die Interpretation der Art. 90 ff. BayEUG

Einfachgesetzliche Bestimmungen zu Ersatzschulen finden sich vor allem im Bayerischen Gesetz über das Erziehungs- und Unterrichtswesen, das in Art. 90 bis 101 die Stellung und Genehmigung von Ersatzschulen regelt und in Art. 102 bis 104 Bestimmungen zu Ergänzungsschulen enthält.

Art. 91 BayEUG definiert Ersatzschulen als „private Schulen, die in ihren Bildungs- und Erziehungszielen öffentlichen im Freistaat Bayern vorhandenen oder vorgesehenen Schulen entsprechen“. Bildungs- und Erziehungsziele für alle Schulen

---

223 Ebenso *Möstl*, in: Lindner/Möstl/Wolff, Verfassung des Freistaates Bayern, Art. 134 Rn. 8.

224 Hierzu *Möstl*, in: Lindner/Möstl/Wolff, Verfassung des Freistaates Bayern, Art. 134 Rn. 3, der Art. 132 BV ein Art. 7 Abs. 4 S. 3 GG entsprechendes Sonderungsverbot entnimmt.

225 Näher *Möstl*, in: Lindner/Möstl/Wolff, Verfassung des Freistaates Bayern, Art. 134 Rn. 3.

226 Für eine ergänzende Interpretation des Art. 134 Abs. 3 BV im Lichte des Art. 7 Abs. 5 GG *Möstl*, in: Lindner/Möstl/Wolff, Verfassung des Freistaates Bayern, Art. 134 Rn. 10.

nennt v. a. Art. 1 BayEUG. Nach Art. 1 Abs. 1 S. 1 BayEUG haben die Schulen den in der Verfassung verankerten Bildungs- und Erziehungsauftrag zu verwirklichen, der sich in erster Linie aus Art. 131 BV ergibt. Gem. Art. 131 Abs. 1 BV sollen die Schulen nicht nur Wissen und Können vermitteln, sondern auch Herz und Charakter bilden (vgl. auch Art. 1 Abs. 1 S. 2 BayEUG). Oberste Bildungsziele sind Ehrfurcht vor Gott, Achtung vor religiöser Überzeugung und vor der Würde des Menschen, Selbstbeherrschung, Verantwortungsgefühl und Verantwortungsfreudigkeit, Hilfsbereitschaft, Aufgeschlossenheit für alles Wahre, Gute und Schöne und Verantwortungsbewusstsein für Natur und Umwelt (Art. 131 Abs. 2 BV; vgl. auch Art. 1 Abs. 1 S. 3 BayEUG). Die SchülerInnen sind im Geiste der Demokratie, in der Liebe zur bayerischen Heimat und zum deutschen Volk und im Sinne der Völkerversöhnung zu erziehen (Art. 131 Abs. 3 BV; vgl. Art. 1 Abs. 1 S. 4 BayEUG). Weitere Bildungs- und Erziehungsziele ergeben sich aus Art. 2 BayEUG sowie, bezogen und beschränkt auf die einzelnen allgemeinbildenden Schularten, aus Art. 7 bis 10 BayEUG.

Ungeachtet der Frage, ob alle Bildungs- und Erziehungsziele namentlich des Art. 1 Abs. 1 BayEUG und des Art. 131 BV mit dem Grundgesetz in Einklang stehen,[227] weicht der Ersatzschulbegriff des Art. 91 BayEUG zwar nach der Formulierung von dem (allein maßgeblichen) Ersatzschulbegriff des Art. 7 Abs. 4 S. 2 GG ab. Nach Art. 7 Abs. 4 S. 2 GG sind private Schulen Ersatz für öffentliche Schulen, wenn sie den im Land vorgesehenen öffentlichen Schulen nach dem Inhalt und Abschluss des Bildungsganges entsprechen, d. h. gleichwertig sind.[228] Die landesgesetzliche Definition der Ersatzschulen in Art. 91 BayEUG als private Schulen, die in ihren Bildungs- und Erziehungszielen öffentlichen im Freistaat Bayern vorhandenen oder vorgesehenen Schulen entsprechen, lässt sich aber durchaus (bundesverfassungskonform) im Sinne des Ersatzschulbegriffes des Art. 7 Abs. 4 S. 2 GG deuten. „Bildungs- und Erziehungsziele" i. S. d. Art. 91 BayEUG sind neben den generellen Bildungs- und Erziehungszielen für sämtliche Schulen (Art. 1 Abs. 1 BayEUG, Art 131 BV) v. a. die für die jeweiligen öffentlichen Schulen in Art. 7 ff. BayEUG festgelegten Bildungsgänge und Abschlüsse. Die in Art. 7 BayEUG für die Grundschule, in Art. 7a BayEUG für die Mittelschule und in Art. 9 BayEUG für das Gymnasium geregelten Bildungsinhalte und Abschlüsse spiegeln die Bildungs- und Erziehungsziele für die jeweilige Schulart wider. Insofern lässt sich Art. 91 BayEUG im Lichte des Art. 7 Abs. 4 S. 2 GG deuten. Ersatzschulen sind gem. Art. 7 Abs. 4 S. 2 GG und bei bundesverfassungskonformer Interpretation auch nach Art. 91 BayEUG alle privaten Schulen, die einer im Land vorgesehenen öffentlichen Schule nach dem Inhalt und Abschluss ihres Bildungsganges entsprechen. Es gilt hier (Grundgesetz) wie dort (Bayerisches Landesschulrecht) ein materiell-funktionaler Ersatzschulbegriff mit Gleichwertigkeitstest.

[227] S. etwa zur Unvereinbarkeit des Erziehungszieles „Ehrfurcht vor Gott" mit dem grundgesetzlichen Neutralitätsgebot des Staates *Brosius-Gersdorf*, in: Dreier, Grundgesetz, Art. 7 Rn. 18.

[228] S. oben C. III. 2.

Ob und inwieweit die Vorschriften über die Genehmigung von Ersatzschulen (Art. 92 ff. BayEUG) mit Art. 7 Abs. 4 GG in Einklang stehen bzw. der bundesverfassungskonformen Auslegung bedürfen, kann hier dahinstehen. Einzig auf das Sonderungsverbot wird einzugehen sein, da Art. 92 Abs. 2 Nr. 3 i. V. m. Art. 96 BayEUG das Sonderungsverbot in einem von Art. 7 Abs. 4 S. 3 GG abweichenden, die Privatschulfreiheit unzulässig verkürzenden Sinne regelt. Hierauf wird zurückgekommen.[229]

[229] S. unter E. II.

D. Verfassungsrechtlicher Schulstatus der Internationalen Schulen in Bayern

Vor dem Hintergrund dieses grundgesetzlichen Rahmens für private Ersatz- und Ergänzungsschulen ist der schulrechtliche Status der Internationalen Schulen in Bayern zu klären.

Im Schrifttum werden die Internationalen Schulen – zumeist ohne Differenzierung zwischen den verschiedenen Schularten Grund-, Mittel- und Oberschule – überwiegend verfassungsrechtlich als Ergänzungsschulen eingeordnet.[230] Zur Begründung wird darauf verwiesen, dass der Ersatzschulcharakter fehle, weil vergleichbare öffentliche Schulen fehlten;[231] weil die Internationalen Schulen keine deutschen Schulabschlüsse anböten;[232] weil sie angelsächsische Lehrpläne verwendeten;[233] oder weil sie sich an internationalen Standards orientierten.[234] Der Landesgesetzgeber sei aber nicht gehindert, den Internationalen Schulen den Charakter einer anerkannten Ergänzungsschule[235] zuzuerkennen.[236] Nach anderer Ansicht sind Internationale Schulen Ersatzschulen i. S. d. Art. 7 Abs. 4 S. 2 GG.[237] Das folge aus der Gleichwertigkeit ihrer Lehrpläne,[238] Bildungsziele[239] und Abschlüsse[240]

---

[230] So namentlich *Wißmann*, in: Kahl/Waldhoff/Walter, Bonner Kommentar zum Grundgesetz, Art. 7 Rn. 206; *Kluth*, RdJB 2018, 222 (228 f., 232 f.); *Kümper*, DÖV 2015, 864 (865); *Kösling*, RdJB 2004, 208 (220); *v. d. Hövel*, RdJB 2007, 330 (333); *Rux*, Schulrecht, § 3 Rn. 1287; *Avenarius/Hanschmann*, Schulrecht, S. 301; s. auch *Avenarius*, in: Avenarius – Pieroth/Barczak, Die Herausforderung des öffentlichen Schulwesens durch private Schulen, S. 9 (34 f., 54); *Weiß*, Allgemeinbildende Privatschulen in Deutschland, S. 29.

[231] *Kümper*, DÖV 2015, 864 (865).

[232] *Kösling*, RdJB 2004, 208 (220).

[233] *Avenarius*, in: Avenarius – Pieroth/Barczak, Die Herausforderung des öffentlichen Schulwesens durch private Schulen, S. 9 (34 f.).

[234] *v. d. Hövel*, RdJB 2007, 330 (333).

[235] Zu diesem Schultypus s. oben C. I.

[236] *Avenarius*, in: Avenarius – Pieroth/Barczak, Die Herausforderung des öffentlichen Schulwesens durch private Schulen, S. 9 (36); *v. d. Hövel*, RdJB 2007, 330 (333).

[237] *Jach*, in: Vogel/Knudsen, Bildung und Erziehung in freier Trägerschaft, Kap. 20 S. 71; *Vogel*, DÖV 1992, 505 (513); im Ergebnis auch *Poscher/Neupert*, RdJB 2005, 244 (250) bezogen und begrenzt auf Internationale Schulen, die auch Kinder inländischer Eltern mit dauerhaftem Aufenthalt in Deutschland aufnehmen.

[238] *Vogel*, DÖV 2008, 895 (899).

[239] *Vogel*, DÖV 2008, 895 (899).

[240] In diesem Sinne *Vogel*, DÖV 1992, 505 (513).

mit denen öffentlicher Schulen bzw. aus der Anerkennung der von ihnen vermittelten Abschlüsse durch die KMK.[241]

Wie bereits gezeigt, sind die Grundschule, die Mittelschule und die Oberschule der Internationalen Schulen (hier: Munich International School) private „Schulen" im Verfassungssinne (Art. 7 Abs. 1 und 4 GG); das betrifft das Unterrichtsangebot am Vormittag sowie den gesamten offenen und gebundenen Ganztagsbereich.[242] Zu klären bleibt damit, ob die Internationalen Schulen als Ersatzschulen für im Freistaat Bayern vorgesehene öffentliche Schulen anzusehen sind (Art. 7 Abs. 4 S. 2 GG) oder Ergänzungsschulen (Art. 7 Abs. 4 S. 1 GG) darstellen. Diese Frage ist grundsätzlich für jede Schule einzeln zu beantworten. Sie wird im Folgenden für die Munich International School geklärt. Dabei sind die sich stellenden Probleme für die Mittel- und Oberschule der Munich International School dieselben, sodass ihr schulrechtlicher Status en bloc erörtert wird (s. Ziff. I.). Hiervon getrennt zu untersuchen ist der schulrechtliche Status der Grundschule der Munich International School, weil sie im Gegensatz zur Mittel- und Oberschule nicht zu einem Abschluss führt und weil zu ihrer Gleichwertigkeit mit öffentlichen Grundschulen im Land ebenfalls anders als für die Mittel- und Oberschule kein Beschluss der KMK vorliegt (s. Ziff. II.). Nach einem kurzen Zwischenergebnis zum Schulstatus der Grund-, Mittel- und Oberschule der Munich International School (s. Ziff. III.) wird erörtert, ob die Munich International School für die Verleihung von Abschlüssen im Bereich der Mittel- und Oberschule einer staatlichen Anerkennung bedarf (s. Ziff. IV.).

Vorab sei darauf hingewiesen, dass eine Einordnung der Grund-, Mittel- und Oberschule der Munich International School als Ersatzschulen i. S. d. Art. 7 Abs. 4 S. 2 GG noch nicht das Recht zur Errichtung und zum Betrieb der Schulen beinhaltet. Hinzukommen muss die Erteilung einer staatlichen Genehmigung, auf die – im Fall der Qualifizierung als Ersatzschule – bei Vorliegen der Voraussetzungen des Art. 7 Abs. 4 S. 3 und 4 GG ein Anspruch besteht.[243] Ob die Genehmigungsvoraussetzungen erfüllt sind, kann hier nicht beurteilt werden. Fest steht aber, dass die auf der Ebene des Ersatzschulbegriffes festzustellende (s. sogleich) Akzessorietät der privaten Schulen zu den öffentlichen Schulen des Landes nicht auch noch auf der nachgelagerten Ebene der Genehmigungserteilung geprüft werden darf. Insbesondere darf die Genehmigung nicht aus Gründen verweigert werden, die der Qualifizierung der privaten Schulen als Ersatzschule nicht entgegenstehen (v. a.: formal andere Abschlüsse; englische Unterrichtssprache; andere Schülerschaft; andere Lehrkräfte – s. sogleich).

---

[241] *Jach*, in: Vogel/Knudsen, Bildung und Erziehung in freier Trägerschaft, Kap. 20 S. 71; vgl. auch *Poscher/Neupert*, RdJB 2005, 244 (250).

[242] S. oben C. II.

[243] Zu dem Rechtsanspruch auf Genehmigung als Ersatzschule s. oben bei und in Fn. 25.

I. Mittel- und Oberschule (Middle und Senior School)

Die Munich International School betreibt im weiterführenden Schulbereich eine Mittelschule (Middle School) und eine Oberschule (Senior School), die durch international anerkannte unabhängige Fachorganisationen wie insbesondere die IBO akkreditiert sind, auf der Basis international standardisierter Curricula allgemeinbildenden Unterricht in englischer Sprache erteilen und zu weltweit anerkannten Abschlüssen führen. Die Mittelschule umfasst die Jahrgangsstufen 5 bis 8; die Oberschule erstreckt sich auf die Jahrgangsstufen 9 bis 12. Mittel- und Oberschule sind gebundene Ganztagsschulen. Die Lehrpläne basieren zum einen auf dem Middle Years Programme (MYP) der IBO für die Jahrgangsstufen 5 bis 10; nach der 10. Jahrgangsstufe kann der internationale Abschluss des Middle Years Programme (MYP Certificate) erworben werden. Zum anderen kann auf der Grundlage des Diploma Programme (DP) für die Jahrgangsstufen 11 bis 12 nach der 12. Jahrgangsstufe der internationale Abschluss International Baccalaureate Diploma erworben werden. Das Schulangebot der Mittel- und Oberschule richtet sich primär an für eine begrenzte Zeit mit ihren Eltern (international mobile ausländische Fach- und Führungskräfte) in Deutschland lebende Kinder mit ausländischer Staatsangehörigkeit und nicht deutscher Muttersprache. Die Lehrkräfte der Munich International School haben überwiegend eine im Ausland erworbene wissenschaftliche Ausbildung und eine nicht deutsche Muttersprache.[244]

1. Mittel- und Oberschule als Ersatzschulen für öffentliche Internationale Schulen?

Nach Art. 7 Abs. 4 S. 2 GG sind private Schulen Ersatz für öffentliche Schulen, wenn sie einer im Land bestehenden oder vorgesehenen öffentlichen Schule nach dem angebotenen Inhalt und Abschluss des Bildungsganges gleichwertig sind (materiell-funktionaler Ersatzschulbegriff).[245] Als Vergleichsobjekt kommen im Land vorgesehene öffentliche Schulen mit vergleichbaren Bildungsgängen und Abschlüssen in Betracht.[246] *Ohne* entsprechende öffentliche Schulen im Land sind private Schulen Ersatzschulen i. S. d. Art. 7 Abs. 4 S. 2 GG, wenn die von ihnen vermittelten Bildungsgänge und Abschlüsse landesschulrechtlich geregelt sind.[247]

Maßstab und Kriterium für den Vergleich privater und öffentlicher weiterführender Schulen ist die Gleichwertigkeit (nicht: Gleichartigkeit) des vorgesehenen Abschlusses. Maßgeblich ist, dass der von den privaten Schulen angebotene Ab-

---

[244] Dazu oben A. I.

[245] Näher unter C. III. 2.

[246] S. unter C. III. 2. b).

[247] S. unter C. IIII. 2. b).

schluss einem Abschluss öffentlicher Schulen inhaltlich gleichwertig ist. Dabei dürfte Gleichwertigkeit auch in Bezug auf die Unterrichtssprache geboten sein, die an öffentlichen allgemeinbildenden Schulen Deutsch ist. Die Gleichwertigkeit der wissenschaftlichen Ausbildung der Lehrkräfte ist dagegen erst auf der Ebene der Genehmigungsvoraussetzungen zu prüfen. Die Absolvierung der Lehrerausbildung in Deutschland ist kein Merkmal des Ersatzschulbegriffes des Art. 7 Abs. 4 S. 2 GG, sodass eine Ausbildung zur Lehrkraft in einem anderen Land der Einordnung privater Schulen als Ersatzschulen nicht entgegensteht. Etwas anderes gilt für die Muttersprache der Lehrkräfte; insoweit ist Gleichwertigkeit mit der Muttersprache der Lehrkräfte an öffentlichen Schulen geboten. Die Herkunft und Zusammensetzung der Schülerschaft ist wiederum kein Kriterium des Ersatzschulbegriffes. Die primäre Aufnahme von Kindern mit nicht deutscher Staatsangehörigkeit, nicht deutscher Muttersprache und zeitlich begrenztem Wohnsitz in Deutschland hindert die Qualifizierung privater Schulen als Ersatzschulen nicht.[248]

Auf der Grundlage dieses materiell-funktionalen Ersatzschulbegriffes des Art. 7 Abs. 4 S. 2 GG lassen sich die Mittelschule und die Oberschule der Munich International School nicht als Ersatz für *staatliche Internationale Schulen* einordnen. Der Freistaat Bayern unterhält selbst keine Internationalen Schulen, die auf der Grundlage international standardisierter Curricula allgemeinbildenden Unterricht in englischer Sprache erteilen und zu weltweit anerkannten Abschlüssen (MYP Certificate, IB Diploma) führen. Solche staatlichen Internationalen Schulen sind im Landesschulrecht des Freistaates Bayern auch nicht vorgesehen.[249] Daran dürfte der gescheiterte Versuch des Freistaates in den Jahren 2013/14, eine Internationale Schule (mit) zu gründen (Garching International School),[250] nichts ändern.

Dass staatliche Internationale Schulen in *anderen* Bundesländern existieren,[251] ist für die Ersatzschulprüfung im Freistaat Bayern irrelevant. Wegen der Gesetzgebungskompetenz der Länder für das Schulrecht (Art. 70 Abs. 1 GG) hängt es von der durch das jeweilige Landesrecht ausgestalteten Schulstruktur ab, welche privaten Schulen bundesverfassungsrechtlich nach Art. 7 Abs. 4 S. 2 GG als Ersatzschulen gelten.[252]

2. Mittel- und Oberschule als im Landesschulrecht vorgesehene private Internationale Ersatzschulen

Schwieriger zu beurteilen ist, ob die Mittelschule und die Oberschule der Munich International School als Ersatzschule i. S. d. Art. 7 Abs. 4 S. 2 GG zu gelten haben,

[248] Hierzu insgesamt näher unter C. IIII. 2.

[249] S. B. I.

[250] Dazu unter B. I.

[251] S. oben B. II.

[252] S. unter C. III. 1. a).

weil das Landesrecht *private Internationale Ersatzschulen* erlaubt. In diesem Fall kommt es auf einen Vergleich mit im Land vorgesehenen öffentlichen Schulen nicht (mehr) an. Sieht der Landesgesetzgeber bestimmte Bildungsgänge und Abschlüsse vor, sind private Schulen, die solche Bildungsgänge und Abschlüsse anbieten, auch dann Ersatzschulen i. S. d. Art. 7 Abs. 4 S. 2 GG, wenn der Landesgesetzgeber auf entsprechende öffentliche Schulen im Land verzichtet.[253]

Eine landesrechtliche Regelung des Bildungsganges Middle Years Programme (MYP) der IBO, der nach der 10. Jahrgangsstufe zum entsprechenden internationalen Abschluss führt, sowie des Bildungsganges Diploma Programme (DP) der IBO, der nach der 12. Jahrgangsstufe zum International Baccalaureate Diploma führt, findet sich zwar nicht im Bayerischen Gesetz über das Erziehungs- und Unterrichtswesen. Für ein landesrechtliches „Vorsehen" Internationaler Schulen, die internationale Abschlüsse (MYP Certificate und IB Diploma) vermitteln, spricht aber, dass das Bayerische Gesetz über das Erziehungs- und Unterrichtswesen das Recht von Ersatzschulen, Kinder nicht deutscher Staatsangehörigkeit aufzunehmen, ausdrücklich regelt. Gem. Art. 92 Abs. 5 S. 3 BayEUG kann staatlich genehmigten Ersatzschulen, *die für Kinder nicht deutscher Staatsangehöriger bestimmt sind*, ein von Art. 5 Abs. 1 BayEUG abweichendes Schuljahr genehmigt werden. Ersatzschulen, „die für Kinder nicht deutscher Staatsangehöriger bestimmt sind", sind auch Internationale Schulen, die sich gezielt an Kinder aus dem Ausland wenden, welche mit ihren Eltern vorübergehend in Deutschland leben. Für ausländische Kinder, die nur zeitweise in Deutschland leben, ist ein englischsprachiges Unterrichtsangebot nach international standardisierten Curricula mit weltweit anerkannten Abschlüssen unerlässlich.[254] Internationale Schulen dürften daher durch Art. 92 Abs. 5 S. 3 BayEUG als Ersatzschulen vorgesehen sein.

Ein landesrechtliches „Vorsehen" Internationaler Schulen kann man zudem in dem Beschluss der KMK vom 08. 12. 2011 i. d. F. vom 24. 09. 2020 zum Middle Years Programme (MYP) sowie in dem Beschluss der KMK vom 10. 03. 1986 i. d. F. vom 07. 03. 2019 zum International Baccalaureate Diploma sehen, jeweils in Verbindung mit der Umsetzungspraxis des Freistaates Bayern. Die KMK hat mit diesen Beschlüssen unter gewissen Bedingungen einen nach den Bestimmungen der IBO an bestimmten Internationalen Schulen in Deutschland erworbenen Abschluss des Middle Years Programme (MYP Certificate) als dem mittleren Schulabschluss in Deutschland gleichwertig anerkannt und einen nach den Bestimmungen der IBO erworbenen Abschluss des International Baccalaureate Diploma als Hochschulzugangsberechtigung in Deutschland qualifiziert.[255] Auf der Grundlage dieser KMK-Beschlüsse erkennt die Zeugnisanerkennungsstelle für den Freistaat Bayern die an einer Internationalen Schule wie namentlich der Munich International School erworbenen Abschlüsse MYP Certificate und IB Diploma als Nachweis des mittleren

---

[253] Näher C. IIII. 2. b).

[254] Dazu oben A. I.

[255] S. auch A. I.

Schulabschlusses bzw. der Hochschulzugangsqualifikation unter den von der KMK genannten Bedingungen an.[256]

Diese Beschlüsse der KMK in Verbindung mit der Praxis der Zeugnisanerkennungsstelle für den Freistaat Bayern dürften als landesrechtliche Anhaltspunkte für ein „Vorsehen" des Middle Years Programme (MYP) sowie des International Baccalaureate Diploma als landesrechtliche Bildungsgänge und Abschlüsse genügen. Dementsprechend wird auch im Schrifttum vertreten, dass Schulen bereits dann landesrechtlich vorgesehen sind, wenn der von ihnen angebotene Abschluss aufgrund der Entscheidung eines Bundeslandes oder durch eine Vereinbarung der KMK als Schulabschluss anerkannt ist,[257] wie es beim MYP Certificate und beim IB Diploma der Fall ist. Auf derselben Linie liegt es, wenn angenommen wird, dass Schulen auch aufgrund bildungspolitischer Äußerungen einer Landesregierung in die allgemeine Bildungsplanung des Landes aufgenommen werden können.[258]

Letztlich kann diese Frage dahinstehen. Sieht man die Beschlüsse der KMK sowie die Praxis der Zeugnisanerkennungsstelle für den Freistaat Bayern als ausreichend an, um das Middle Years Programme (MYP) mit dem Abschluss MYP Certificate und das Diploma Programme mit dem Abschluss International Baccalaureate Diploma als im Landesrecht vorgesehene Bildungsgänge und Abschlüsse zu qualifizieren, sind die Internationalen Schulen in Bayern, die solche Programme und Abschlüsse anbieten, bereits aus diesem Grund Ersatzschulen i. S. d. Art. 7 Abs. 4 S. 2 GG. Wenn man die Beschlüsse der KMK in Verbindung mit der Praxis der Zeugnisanerkennungsstelle für den Freistaat Bayern dagegen nicht als ausreichend erachtet, um das Middle Years Programme (MYP) mit dem Abschluss MYP Certificate und das Diploma Programme (DP) mit dem Abschluss International Baccalaureate Diploma als im Landesrecht vorgesehene Bildungsgänge und Abschlüsse einzuordnen, sind die Internationalen Schulen in Bayern aus anderen Gründen Ersatzschulen i. S. d. Art. 7 Abs. 4 S. 2 GG. Sie ersetzen dann im Land vorgesehene öffentliche Mittelschulen und Gymnasien. Hierzu sogleich:

3. Mittel- und Oberschule als Ersatzschulen für öffentliche Mittelschulen und Gymnasien

Die Mittelschule der Munich International School ist Ersatzschule für im Freistaat Bayern vorgesehene (Art. 7a BayEUG) und bestehende öffentliche Mittelschulen. Die Oberschule der Munich International School ist als Ersatz für im Freistaat

---

256 Bayrisches Landesamt für Schule, Zeugnisanerkennungsstelle, Informationen für Schüler einer Internationalen Schule (Erwerb eines IB-Diplomas), Stand: Januar 2021 (abrufbar unter: https://www.las.bayern.de/zeugnisanerkennung/allgemeinbildende_schulabschluesse/downloads/mb_ib_allgemeine_informationen%20Stand%201.2021.pdf).

257 *Jach*, in: Vogel/Knudsen, Bildung und Erziehung in freier Trägerschaft, Kap. 20 S. 71.

258 *Brockmann*, in: Brockmann/Littmann/Schippmann, Niedersächsisches Schulgesetz, § 142 Ziff. 4.

Bayern vorgesehene (Art. 9 BayEUG) und bestehende öffentliche Gymnasien zu qualifizieren.

Gem. Art. 7a Abs. 2 S. 1 und 2 BayEUG bauen *öffentliche Mittelschulen* auf der Grundschule auf und umfassen, wenn ein Mittlere-Reife-Zug oder eine Vorbereitungsklasse für den Erwerb des mittleren Schulabschlusses eingerichtet ist, die Jahrgangsstufen 5 bis 10. Der mittlere Schulabschluss kann zum einen durch den Abschluss des Mittlere-Reife-Zuges der Mittelschule nach der 10. Jahrgangsstufe erworben werden (Art. 7a Abs. 4 S. 2 BayEUG). Zum anderen können besonders leistungsstarke SchülerInnen der Jahrgangsstufe 9 nach dem qualifizierenden Abschluss der Mittelschule in 2 weiteren Jahren in sog. Vorbereitungsklassen den mittleren Schulabschluss an der Mittelschule erreichen („9+2-Modell") (Art. 7a Abs. 2 BayEUG). Bildungs- und Erziehungsinhalte der Mittelschule sind gem. Art. 7a Abs. 1 GG v.a., eine grundlegende Allgemeinbildung zu vermitteln, Hilfen zur Berufsfindung zu bieten und Voraussetzungen für eine qualifizierte berufliche Bildung zu schaffen; die Mittelschule eröffnet in Verbindung mit dem beruflichen Schulwesen Bildungswege, die zu einer abgeschlossenen Berufsausbildung und zu weiteren beruflichen Qualifikationen führen können; sie schafft die schulischen Voraussetzungen für den Übertritt in weitere schulische Bildungsgänge bis zur Hochschulreife (Satz 1). Das breite Feld von unterschiedlichen Anlagen, Interessen und Neigungen wird durch ein differenziertes Auswahlangebot neben den für alle SchülerInnen verbindlichen Fächern berücksichtigt (Satz 2). Mittelschulen vermitteln ein Bildungsangebot, das regelmäßig die drei Zweige der Berufsorientierung (Technik, Wirtschaft, Soziales) und in der Regel ein schulisches Ganztagsangebot umfasst (s. auch Art. 6 Abs. 4 S. 1 BayEUG) sowie zum mittleren Schulabschluss führt (Satz 3). Gem. Art. 7a Abs. 6 i. V. m. Art. 7 Abs. 3 BayEUG sind die SchülerInnen nach den gemeinsamen Grundsätzen der christlichen Bekenntnisse zu unterrichten und zu erziehen. In jedem Klassenzimmer wird grundsätzlich ein Kreuz angebracht (Art. 7a Abs. 6 i. V. m. Art. 7 Abs. 4 BayEUG, auch zu Ausnahmen). Zudem sind von den Mittelschulen die für alle Schulen geltenden Bildungs- und Erziehungsziele zu beachten, die in Art. 1 BayEUG und Art. 131 BV stehen.

Öffentliche Gymnasien bauen gem. Art. 9 Abs. 2 BayEUG auf der Grundschule auf (Satz 2 Halbs. 1) und umfassen die Jahrgangsstufen 5 bis 13 (Satz 1), wobei G8 und G9 derzeit in Bayern parallel laufen. Sie schließen mit der Abiturprüfung ab und verleihen die allgemeine Hochschulreife (Satz 2 Halbs. 2). An ihnen können offene oder gebundene schulische Ganztagsangebote eingerichtet werden (Art. 6 Abs. 4 S. 1 BayEUG). Bildungs- und Erziehungsinhalt des Gymnasiums ist v.a. die Vermittlung der vertieften allgemeinen Bildung, die für ein Hochschulstudium vorausgesetzt wird; außerdem schafft es zusätzliche Voraussetzungen für eine berufliche Ausbildung außerhalb der Hochschule (Art. 9 Abs. 1 BayEUG). Am Gymnasium können verschiedene Ausbildungsrichtungen eingerichtet werden (Art. 9 Abs. 3 BayEUG). In der Oberstufe können Fächer und Seminare eingerichtet werden (Art. 9 Abs. 4 S. 1 BayEUG). Die Jahrgangsstufen 12 und 13 bilden die Qualifikationsphase und gliedern sich jeweils in zwei Ausbildungsabschnitte (Art. 9 Abs. 4 S. 2 Nr. 1 und

2 BayEUG). Die Leistungen werden durch Noten und ein Punktesystem bewertet (Art. 9 Abs. 4 S. 2 Nr. 3 BayEUG). Die allgemeine Hochschulreife wird aufgrund einer Gesamtqualifikation zuerkannt, die in der Abiturprüfung und in den beiden Jahrgangsstufen erworben wird (Art. 9 Abs. 4 S. 2 Nr. 4 BayEUG). Zudem sind von den Gymnasien die für alle öffentlichen Schulen geltenden Bildungs- und Erziehungsziele zu beachten (Art. 1 BayEUG und Art. 131 BV).

Diesen Bildungsgängen und Abschlüssen öffentlicher Mittelschulen und Gymnasien entsprechen die Bildungsgänge und Abschlüsse der Mittel- und Oberschule der Munich International School. Das von der Mittelschule der Munich International School angebotene und zum gleichnamigen Abschluss (MYP Certificate) führende Middle Years Programme der IBO ist dem an öffentlichen Mittelschulen angebotenen Bildungsgang, der zum mittleren Schulabschluss führt (s. Art. 7a Abs. 2, Abs. 4 S. 2 BayEUG), gleichwertig. Die Oberschule entspricht (Gleichwertigkeit) mit ihrem Diploma Programme (DP) der IBO, das zum International Baccalaureate Diploma führt, dem Bildungsgang öffentlicher Gymnasien in Bayern, die zum Abitur führen (s. Art. 9 BayEUG). Im Einzelnen:

a) Gleichwertigkeit des Bildungsganges und Abschlusses

aa) Mittelschule (Middle School)

Die Gleichwertigkeit des von der Mittelschule (Middle School) der Munich International School angebotenen und zum gleichnamigen Abschluss (MYP Certificate) führenden Bildungsganges Middle Years Programme der IBO mit dem zum mittleren Schulabschluss führenden Bildungsgang öffentlicher Mittelschulen in Bayern ergibt sich aus dem Beschluss der KMK vom 08. 12. 2011 i. d. F. vom 24. 09. 2020 „Vereinbarung über die Anerkennung des ‚Middle Years Programme'".[259] Mit diesem Beschluss hat die KMK einen nach den Bestimmungen der IBO an bestimmten Internationalen Schulen in Deutschland wie der Munich International School[260] erworbenen Abschluss des Middle Years Programme (MYP Certificate) als dem mittleren Schulabschluss in Deutschland unter bestimmten Bedingungen gleichwertig anerkannt. Zu diesen Bedingungen gehört insbesondere, dass das MYP Certificate nach dem Besuch von mindestens 10 aufsteigenden Jahrgangsstufen an Schulen mit Vollzeitunterricht erworben wird; dass verschiedene Anforderungen an

[259] Vereinbarung über die Anerkennung des „Middle Years Programme", Beschluss der Kultusministerkonferenz vom 08. 12. 2011 i. d. F. vom 24. 09. 2020 (abrufbar unter: https://www.kmk.org/fileadmin/Dateien/veroeffentlichungen_beschluesse/2011/2011_12_08-MYP.pdf). Zur Relevanz der Beschlüsse der Kultusministerkonferenz für den Ersatzschulbegriff des Art. 7 Abs. 4 S. 2 GG s. auch OVG Sachsen, Urteil vom 31. 03. 2015 – 2 A 758/13, Rn. 21 ff. (juris).

[260] Vereinbarung über die Anerkennung des „Middle Years Programme", Beschluss der Kultusministerkonferenz vom 08. 12. 2011 i. d. F. vom 24. 09. 2020, S. 3 (abrufbar unter: https://www.kmk.org/fileadmin/Dateien/veroeffentlichungen_beschluesse/2011/2011_12_08-MYP.pdf).

die 5 Kernfächergruppen und 3 Wahlfächergruppen des Middle Years Programme (MYP) erfüllt sind; dass Projektarbeiten und interdisziplinäre Lerneinheiten absolviert werden; dass eine bestimmte Stundenanzahl in den Fächern bzw. Fächergruppen eingehalten wird; dass bestimmte Fächer als Integrationsfächer oder als getrennte Fächer erteilt werden; dass hinreichende Deutschkenntnisse nachgewiesen werden; und dass das MYP Certificate 8 benotete Elemente enthält. Außerdem wird das MYP Certificate erst ab einer erreichten Punktzahl von 32 als dem mittleren Schulabschluss gleichwertig anerkannt. Weitere Erfordernisse gelten für die Berechnung der Durchschnittsnote.[261]

Die rechtliche Qualifizierung der Beschlüsse der KMK ist umstritten und nicht verbindlich geklärt. Nach wohl überwiegender Ansicht haben die Beschlüsse der KMK von Ausnahmen abgesehen grundsätzlich keine rechtliche Bindungswirkung gegenüber den Bundesländern; es handele sich lediglich um verwaltungsinterne, politische Absprachen ohne rechtliche Verpflichtungswirkung.[262] Rechtliche Wirkung entfalteten die Beschlüsse in den Ländern erst, wenn und soweit die Länder sie umsetzen.[263] Nach anderer Ansicht soll den Beschlüssen der KMK entweder generell oder zumindest in einzelnen Fällen die Qualität von Verwaltungsabkommen der Länder[264] oder sogar von Staatsverträgen zukommen. Ungeachtet dessen rekurrieren die Gerichte für die Einstufung privater Schulen als Ersatzschulen auch auf Beschlüsse der KMK zum Schulwesen der Länder.[265]

Im vorliegenden Zusammenhang kann die rechtliche Qualität der KMK-Beschlüsse dahinstehen. Selbst sofern man davon ausgeht, dass Beschlüsse der KMK nur im Fall der Umsetzung durch die Länder rechtliche Verbindlichkeit erlangen, hat der Freistaat Bayern eine solche Umsetzung des KMK-Beschlusses vom 08. 12. 2011 i. d. F. vom 24. 09. 2020 „Vereinbarung über die Anerkennung des ‚Middle Years Programme'" vorgenommen. Unter Bezugnahme auf den Beschluss der KMK erkennt die Zeugnisanerkennungsstelle für den Freistaat Bayern den an einer Internationalen Schule wie der Munich International School erworbenen Abschluss MYP Certificate als Nachweis des mittleren Schulabschlusses unter den von der KMK genannten Bedingungen an.[266] Der Freistaat Bayern hat damit den Beschluss der KMK als für sich rechtlich bindend erachtet und ihn mit rechtlicher Bin-

[261] Vereinbarung über die Anerkennung des „Middle Years Programme", Beschluss der Kultusministerkonferenz vom 08. 12. 2011 i. d. F. vom 24. 09. 2020, S. 2 f. (abrufbar unter: https://www.kmk.org/fileadmin/Dateien/veroeffentlichungen_beschluesse/2011/2011_12_08-MYP.pdf).

[262] Vgl. statt vieler *Heckel*, Deutsches Privatschulrecht, S. 74; *Müller*, Das Recht der Freien Schule, S. 303; *Rürup*, Innovationswege im deutschen Bildungssystem, S. 23 f.

[263] S. nur *Rürup*, Innovationswege im deutschen Bildungssystem, S. 23 f.

[264] *Oppermann*, Kulturverwaltungsrecht, S. 183 ff.

[265] S. etwa OVG Sachsen, Urteil vom 31. 03. 2015 – 2 A 758/13, Rn. 22 f. (juris) bezogen auf die Genehmigung eines privaten Gymnasiums in Sachsen, dessen Ausbildungsdauer die Ausbildungszeit der im Land bestehenden öffentlichen Gymnasien um ein Jahr überschreitet.

[266] Mit Nachweisen oben D. I. 3. a) aa).

dungswirkung nicht nur gegenüber den SchülerInnen und Eltern, sondern zugleich auch gegenüber den Internationalen Schulen im Freistaat in Kraft gesetzt. Unter den von der KMK und der Zeugnisanerkennungsstelle für den Freistaat Bayern genannten Bedingungen ist das von der Mittelschule der Munich International School angebotene Middle Years Programme (MYP) dem mittleren Schulabschluss öffentlicher Mittelschulen in Bayern gleichwertig. Der Freistaat hat die Mittelschule der Munich International School – unter den genannten Bedingungen – als Ersatzschule für öffentliche Mittelschulen im Land anerkannt.

Aus diesem Grund kommt es auf eine inhaltliche Prüfung der Gleichwertigkeit der Mittelschule der Munich International School mit den öffentlichen Mittelschulen im Land im Hinblick auf die angebotenen Bildungsgänge und Abschlüsse – etwa anhand internationaler Schulleistungsstudien wie PISA – nicht mehr an. Die KMK und der Freistaat haben diese Gleichwertigkeitsprüfung vorgenommen und die Mittelschule der Munich International School unter den genannten Voraussetzungen als den öffentlichen Mittelschulen gleichwertig anerkannt.

Bereits aus diesem Grund, weil der Freistaat die Gleichwertigkeit der Mittelschule der Munich International School mit den öffentlichen Mittelschulen im Land verbindlich festgestellt hat, steht der Einordnung der Mittelschule der Munich International School als Ersatzschule nicht entgegen, dass sie formal andere Bildungsgänge und Abschlüsse (MYP Certificate) anbietet als öffentliche Mittelschulen (mittlerer Schulabschluss) und dass sich ihre binnenorganisatorische Gliederung, Lehrpläne, Stundentafeln, Unterrichtsmethoden und das pädagogische Konzept unterscheiden. Im Übrigen sind diese Merkmale für den Ersatzschulbegriff des Art. 7 Abs. 4 S. 2 GG ohne Belang, solange im Ergebnis zum Ende des Bildungsganges gleichwertige Kenntnisse und Fähigkeiten vermittelt werden. Private Ersatzschulen müssen weder identische Bildungsgänge und Abschlüsse anbieten wie öffentliche Schulen noch ihnen in den Lehrplänen, Stundentafeln, Unterrichtsmethoden oder dem pädagogischen Konzept entsprechen.[267]

bb) Oberschule (Senior School)

Aus demselben Grund ist der an der Oberschule (Senior School) der Munich International School angebotene Bildungsgang des Diploma Programme (DP) der IBO, das zum internationalen Abschluss International Baccalaureate Diploma führt, dem Bildungsgang der öffentlichen Gymnasien in Bayern mit dem Abschluss Abitur gleichwertig. Auch insoweit hat die KMK durch Beschluss vom 10. 03. 1986 i. d. F. vom 07. 03. 2019[268] einen nach den Bestimmungen der IBO erworbenen Abschluss

[267] S. unter C. III. 2.

[268] Vereinbarung über die Anerkennung des „International Baccalaureate Diploma / Diplôme du Baccalauréat International", Beschluss der Kultusministerkonferenz vom 10. 03. 1986 i. d. F. vom 07. 03. 2019 (abrufbar unter: https://www.kmk.org/fileadmin/Dateien/veroeffentlichungen_beschluesse/1986/1986_03_10-Vereinbarung-Baccalaureate-Dipl.pdf).

des International Baccalaureate Diploma unter bestimmten Bedingungen als Hochschulzugangsberechtigung in Deutschland anerkannt.[269] Zu den Bedingungen gehört insbesondere, dass das IB Diploma nach einem Besuch von mindestens 12 aufsteigenden Jahrgangsstufen an Schulen mit Vollzeitunterricht erworben wird; dass unter den 6 Prüfungsfächern bestimmte Fächer auf bestimmtem Niveau sind; dass sich unter den 3 im Rahmen des „International Baccalaureate Diploma / Diplôme du Baccalauréat International" auf dem „Higher Level" nachzuweisenden Fächern entweder Mathematik oder ein naturwissenschaftliches Fach befindet; dass alle Fächer im „IB-Diploma Programme" durchgängig, d. h. zweijährig aufsteigend, belegt werden; und dass in den geforderten 6 Fächern bestimmte Noten erreicht werden. Weitere Anforderungen gelten für die Berechnung der Durchschnittsnote und die zu erreichende Gesamtpunktzahl.[270]

Auch diesen Beschluss der KMK hat der Freistaat Bayern umgesetzt. Die Zeugnisanerkennungsstelle in Bayern erkennt den an einer Internationalen Schule wie namentlich der Munich International School erworbenen Abschluss des IB Diploma als Nachweis der Hochschulzugangsqualifikation unter den von der KMK genannten Bedingungen an.[271] Auch insoweit hat der Freistaat Bayern den Beschluss der KMK als für sich rechtlich bindend erachtet und ihn mit rechtlicher Bindungswirkung nicht nur gegenüber den SchülerInnen und Eltern, sondern zugleich auch gegenüber den Internationalen Schulen im Freistaat in Kraft gesetzt. Unter den von der KMK und der Zeugnisanerkennungsstelle für den Freistaat Bayern genannten Bedingungen ist das von der Oberschule angebotene International Baccalaureate Diploma mit dem Abitur öffentlicher Gymnasien, das die allgemeine Hochschulreife, d. h. die Hochschulzugangsberechtigung, verleiht, in Bayern gleichwertig. Der Freistaat hat die Oberschule der Munich International School – unter den genannten Bedingungen – als Ersatzschule für öffentliche Gymnasien im Land anerkannt.[272]

Aus diesem Grund kommt es auf eine inhaltliche Prüfung der Gleichwertigkeit der Oberschule der Munich International School mit den öffentlichen Gymnasien im Land im Hinblick auf die angebotenen Bildungsgänge und Abschlüsse – etwa anhand internationaler Schulleistungsstudien – nicht mehr an. Der Freistaat hat diese Gleichwertigkeitsprüfung vorgenommen und die Oberschule der Munich Interna-

[269] Zur Relevanz der Beschlüsse der Kultusministerkonferenz für den Ersatzschulbegriff des Art. 7 Abs. 4 S. 2 GG s. auch OVG Sachsen, Urteil vom 31. 03. 2015 – 2 A 758/13, Rn. 21 ff. (juris).

[270] Vereinbarung über die Anerkennung des „International Baccalaureate Diploma / Diplôme du Baccalauréat International", Beschluss der Kultusministerkonferenz vom 10. 03. 1986 i. d. F. vom 07. 03. 2019, S. 2 ff. (abrufbar unter: https://www.kmk.org/fileadmin/Dateien/veroeffentlichungen_beschluesse/1986/1986_03_10-Vereinbarung-Baccalaureate-Dipl.pdf).

[271] Näher unter D. I. 3. a) aa).

[272] Im Ergebnis ebenfalls für die Qualifizierung der Internationalen Schulen als Ersatzschulen wegen der Anerkennung der von ihnen vermittelten Abschlüsse als Hochschulzugangsberechtigung *Poscher/Neupert*, RdJB 2005, 244 (250); *Vogel*, BuE 44 (1991), 351 (359); in dieselbe Richtung deutet *Sterling*, RdJB 2009, 372 (378).

tional School unter den genannten Voraussetzungen als den öffentlichen Gymnasien gleichwertig anerkannt. Bereits aus diesem Grund ist es auch ohne Belang, dass es sich bei den Bildungsgängen und Abschlüssen der Oberschule der Munich International School (IB Diploma) und der öffentlichen Gymnasien (Abitur) um (formal) verschiedene Bildungsgänge und Abschlüsse handelt, und dass sich die binnenorganisatorische Gliederung, Lehrpläne, Stundentafeln, Unterrichtsmethoden sowie das pädagogische Konzept unterscheiden.[273]

b) Gleichwertigkeit der Dauer des Bildungsganges

Der Einordnung der Oberschule der Munich International School als Ersatzschule für öffentliche Gymnasien steht auch nicht entgegen, dass die Dauer ihres Bildungsganges um ein Jahr von der Dauer des Bildungsganges der öffentlichen neunjährigen Gymnasien im Freistaat abweicht. Während die Oberschule der Munich International School entsprechend dem Diploma Programme (DP) der IBO nach der 12. Jahrgangsstufe zum International Baccalaureate Diploma führt (G8), wird das Abitur an öffentlichen Gymnasien in Bayern zum Teil erst nach der 13. Jahrgangsstufe erworben (G9; derzeit läuft allerdings G8 parallel).[274]

Die Abweichung bei der Dauer des Bildungsganges hindert die Qualifizierung der Oberschule der Munich International School als Ersatzschule schon deswegen nicht, weil ihre Ersatzschuleigenschaft durch den Beschluss der KMK vom 10.03.1986 i. d. F. vom 07.03.2019 in Verbindung mit dessen Umsetzung durch die Zeugnisanerkennungsstelle für den Freistaat Bayern verbindlich festgestellt ist.[275] Der Freistaat hat dadurch den Bildungsgang der Oberschule der Munich International School trotz der um ein Jahr kürzeren Dauer als dem Bildungsgang öffentlicher Gymnasien gleichwertig anerkannt.

Im Übrigen stünde eine Abweichung von der Dauer des Bildungsganges öffentlicher Gymnasien um ein Jahr der Einordnung privater Schulen als Ersatzschulen auch deswegen nicht entgegen, weil bezüglich der Länge des Bildungsganges gem. Art. 7 Abs. 4 S. 2 GG nicht Gleichartigkeit, sondern nur Gleichwertigkeit geboten ist. Eine Abweichung von der Länge des Bildungsganges öffentlicher Schulen um die geringstmögliche Dauer von einem Jahr hindert die Einordnung privater Schulen als Ersatzschulen nicht, weil die Vergleichbarkeit der Bildungsergebnisse gewahrt ist.[276]

---

[273] Vgl. D. I. 3. a).

[274] S. oben D. I. 3.

[275] Näher D. I. 3. a).

[276] Hierzu eingehend mit Nachweisen *Brosius-Gersdorf/Krafczyk*, RdJB 2019, 385 (388 ff.).

c) Gleichwertigkeit der Unterrichtssprache

Der Ersatzschulqualität der Mittelschule und der Oberschule der Munich International School steht auch nicht entgegen, dass sie im Gegensatz zu den öffentlichen Mittelschulen und Gymnasien im Land grundsätzlich nicht in deutscher, sondern in englischer Unterrichtssprache unterrichten.

Zwar dürfte die deutsche Unterrichtssprache an den öffentlichen Schulen zu den prägenden Merkmalen ihres Bildungsganges und damit zu den konstitutiven Merkmalen des Ersatzschulbegriffes (Art. 7 Abs. 4 S. 2 GG) zählen, sodass private Ersatzschulen öffentlichen Schulen auch im Hinblick auf die Unterrichtssprache gleichwertig sein müssen.[277] Auch insoweit gilt aber, dass die Gleichwertigkeit durch den Beschluss der KMK vom 08. 12. 2011 i. d. F. vom 24. 09. 2020 zum Middle Years Programme sowie den Beschluss der KMK vom 10. 03. 1986 i. d. F. vom 07. 03. 2019 zum International Baccalaureate Diploma, die der Freistaat Bayern umgesetzt hat,[278] feststeht. Auf der Grundlage der Anerkennungen der KMK hat der Freistaat die Mittelschule und die Oberschule der Munich International School trotz der von den öffentlichen Schulen abweichenden Unterrichtssprache als den öffentlichen Mittelschulen und Gymnasien gleichwertig anerkannt. Zu den Bedingungen der KMK und der Zeugnisanerkennungsstelle in Bayern für die Gleichwertigkeit der Mittelschule der Munich International School mit den öffentlichen Mittelschulen gehört u. a., dass die SchülerInnen hinreichende Deutschkenntnisse nachweisen.[279] Die KMK und der Freistaat Bayern haben die Gleichwertigkeit der Mittelschule der Munich International School mit den öffentlichen Mittelschulen im Land damit „sehenden Auges“ trotz der von den Internationalen Schulen verwendeten Unterrichtssprache Englisch unter der Voraussetzung des Nachweises hinreichender Deutschkenntnisse anerkannt.

d) Gleichwertigkeit der Lehrkräfte (Muttersprache)

Aus demselben Grund steht der Ersatzschulqualität der Mittel- und Oberschule der Munich International School die Beschäftigung überwiegend ausländischer Lehrkräfte mit nicht deutscher Muttersprache nicht entgegen. Zwar werden an den öffentlichen Schulen in Bayern überwiegend Lehrkräfte mit deutscher Muttersprache beschäftigt.[280] Auch wird man die für den Unterricht erforderlichen deutschen Sprachkenntnisse von Lehrkräften wohl zu den elementaren Merkmalen der Bildungsgänge öffentlicher Schulen zu zählen haben, sodass die Qualifizierung privater

[277] Näher C. III. 2. c) bb).

[278] S. unter D. I. 3. a).

[279] S. unter D. I. 3 a) aa).

[280] Dazu unter C. III. 2. c) cc).

Schulen als Ersatzschulen voraussetzt, dass ihre Lehrkräfte über gleichwertige Sprachkenntnisse verfügen.[281]

Die danach erforderliche Gleichwertigkeit steht aber aufgrund des Beschlusses der KMK vom 08. 12. 2011 i. d. F. vom 24. 09. 2020 zum Middle Years Programme und des Beschlusses der KMK vom 10. 03. 1986 i. d. F. vom 07. 03. 2019 zum International Baccalaureate Diploma, die der Freistaat Bayern umgesetzt hat,[282] fest. Die KMK und der Freistaat haben die Mittel- und die Oberschule der Munich International School als den öffentlichen Mittelschulen und Gymnasien gleichwertig anerkannt, obwohl an den Internationalen Schulen überwiegend ausländische Lehrkräfte mit nicht deutscher Muttersprache unterrichten. Bedingungen für die Sprachkenntnisse der Lehrkräfte haben die KMK und die Zeugnisanerkennungsstelle in Bayern nicht genannt. Allenfalls mag sich aus dem Erfordernis des Nachweises hinreichender Deutschkenntnisse der SchülerInnen der Mittelschule der Munich International School[283] implizit das Erfordernis der Beschäftigung einer genügenden Zahl deutschsprachiger Lehrkräfte ergeben.

Im Übrigen ergibt sich die Notwendigkeit der Beschäftigung ausländischer Lehrkräfte auch daraus, dass die Internationalen Schulen (zulässigerweise)[284] in englischer Unterrichtssprache unterrichten und ihre SchülerInnen aus bis zu 65 Nationen stammen und ihnen entsprechend viele Muttersprachenangebote auf dem Campus unterbreitet werden.

II. Grundschule (Junior School)

Zu klären bleibt, ob auch die Grundschule (Junior School) der Munich International School als Ersatzschule für im Land vorgesehene (s. Art. 7 BayEUG) öffentliche Grundschulen anzusehen ist.

Anders als für die Mittel- und die Oberschule existiert für die Grundschule Internationaler Schulen bislang kein Beschluss der KMK, der die Gleichwertigkeit mit öffentlichen Grundschulen feststellt. Der Grund hierfür mag sein, dass Grundschulen nicht zu (formalen) Abschlüssen führen. Die Grundschule der Munich International School ist daher nur dann als Ersatzschule i. S. d. Art. 7 Abs. 4 S. 2 GG einzuordnen, wenn sie zum Ende ihres Bildungsganges die Vermittlung von im Kern gleichen Kenntnissen und Fähigkeiten anstrebt wie öffentliche Grundschulen.[285]

Die *Grundschule der Munich International School* ist ebenso wie ihre Mittel- und Oberschule durch international anerkannte unabhängige Fachorganisationen wie die

---

[281] S. C. III. 2. c) cc).

[282] Dazu unter D. I. 3. a).

[283] S. unter D. I. 3. a) aa).

[284] S. unter D. I. 3. a).

[285] Näher unter C. III. 2. c) aa).

IBO akkreditiert und erteilt auf der Basis international standardisierter Curricula allgemeinbildenden Unterricht in englischer Sprache. Als offene Ganztagsschule umfasst die Grundschule die Jahrgangsstufen 1 bis 4. Ihre Lehrpläne basieren auf dem IB Primary Years Programme (PYP), das als internationales, transdisziplinäres Programm die Entwicklung des gesamten Kindes fördern soll, indem es neben dem akademischen Wohl auch die sozialen, physischen, emotionalen und kulturellen Bedürfnisse der SchülerInnen berücksichtigt.[286] Bildungs- und Erziehungsziele des IB Primary Years Programme (PYP) sind die Vermittlung und Herausbildung von Forschergeist, fundierten Fachkenntnissen und Sachkunde, Denkfähigkeit, Kommunikationsbereitschaft, Prinzipientreue, Aufgeschlossenheit, Fürsorgebereitschaft, Risikobereitschaft, Ausgeglichenheit, Reflexionsfähigkeit, Sportlichkeit und Ernährungsbewusstsein.[287]

Der Grundschullehrplan des IB Primary Years Programme (PYP) untergliedert sich in einen schriftlichen und einen mündlichen Lehrplan. Diese Lehrpläne legen fest, welche Bildungs- und Erziehungsinhalte den SchülerInnen vermittelt werden sollen; wie die Lehrkräfte den PYP unterrichten; und nach welchen Grundsätzen im PYP bewertet wird.[288] Wesentliche Elemente des schriftlichen Lehrplans[289] sind:

- der Erwerb von Wissen, das sowohl disziplinär ist und durch traditionelle Fächer wie Sprache, Mathematik, Naturwissenschaften, Sozialkunde, Kunst und PSPE vermittelt wird als auch transdisziplinär ist;
- Anleitung der SchülerInnen zur strukturierten Untersuchung von Sachverhalten und zur Entwicklung eines kohärenten, tiefgreifenden Verständnisses;
- Erwerb der für ein Lernen und Leben außerhalb der Schule notwendigen umfassenden Fähigkeiten;
- Vermittlung von Werten wie Internationalität und von Einstellungen, die zum Wohlbefinden des Einzelnen als Individuum und in der Gemeinschaft beitragen;
- Herausbildung von Verantwortungsbewusstsein, stetiger Selbstreflexion und bewusstem, angemessenem Handeln.

Der mündliche Lehrplan[290] des IB Primary Years Programme (PYP) beschreibt den pädagogischen Ansatz, indem er festlegt, wie die Lehrkräfte den schriftlichen PYP-Lehrplan unterrichten sollen. Um die SchülerInnen zu aktivem, eigenständigem Lernen zu bringen und sie zu ermutigen, ihr Verständnis der Welt zu hinterfragen, zu betrachten und zu verfeinern, sieht der mündliche Lehrplan vor, auf die Vorkennt-

---

[286] S. unter: https://www.mis-munich.de/Academic-Programmes.

[287] Nähere Informationen unter: https://www.mis-munich.de/learning/curriculum.

[288] S. näher: https://www.ibo.org/programmes/primary-years-programme/curriculum/.

[289] Abrufbar unter: https://www.ibo.org/programmes/primary-years-programme/curriculum/.

[290] Abrufbar unter: https://www.ibo.org/programmes/primary-years-programme/curriculum/.

nisse der SchülerInnen zurückzugreifen; ihnen neue Anregungen und Erfahrungen zu bieten; und Möglichkeiten zur Reflexion und Konsolidierung zu geben.

Das Schulangebot der Grundschule der Munich International School richtet sich (ebenso wie das der Mittel- und Oberschule) primär an für eine begrenzte Zeit mit ihren Eltern (international mobile ausländische Fach- und Führungskräfte) in Deutschland lebende Kinder mit ausländischer Staatsangehörigkeit und nicht deutscher Muttersprache. Die Lehrkräfte haben überwiegend eine im Ausland erworbene wissenschaftliche Ausbildung und eine nicht deutsche Muttersprache.[291]

Die *öffentlichen Grundschulen* in Bayern umfassen ebenfalls die Jahrgangsstufen 1 bis 4 und vereinigen alle Schulpflichtigen dieser Jahrgangsstufen, soweit sie nicht eine Förderschule besuchen (Art. 7 Abs. 2 BayEUG). An ihnen können offene oder gebundene schulische Ganztagsangebote eingerichtet werden (Art. 6 Abs. 4 S. 1 BayEUG). Der Bildungs- und Erziehungsinhalt der Grundschule besteht darin, durch Vermittlung einer grundlegenden Bildung die Voraussetzungen für jede weitere schulische Bildung zu schaffen (Art. 7 Abs. 1 S. 1 BayEUG) und Hilfen für die persönliche Entfaltung zu geben (Art. 7 Abs. 1 S. 2 BayEUG). Gem. Art. 7 Abs. 3 BayEUG sind die SchülerInnen nach den gemeinsamen Grundsätzen der christlichen Bekenntnisse zu unterrichten und zu erziehen. In jedem Klassenzimmer wird grundsätzlich ein Kreuz angebracht (Art. 7a Abs. 6 i. V. m. Art. 7 Abs. 4 BayEUG, auch zu Ausnahmen). Zudem sind von den Grundschulen die für alle Schulen geltenden Bildungs- und Erziehungsziele zu beachten, die in Art. 1 BayEUG und Art. 131 BV stehen.

1. Gleichwertigkeit des Bildungsganges

Es sind keinerlei Gründe ersichtlich, die Zweifel an der Gleichwertigkeit des auf dem IB Primary Years Programme (PYP) der IBO beruhenden Bildungsganges der Grundschule der Munich International School mit dem Bildungsgang öffentlicher Grundschulen wecken. Die beiden Bildungsgänge entsprechen einander nicht nur in der Art und Dauer (offenes Ganztagsangebot in den Jahrgangsstufen 1 bis 4), sondern auch hinsichtlich der zum Ende des Bildungsganges angestrebten Kenntnisse und Fähigkeiten. Die Grundschule der Munich International School will ebenso wie öffentliche Grundschulen in Bayern den Schülerinnen und Schülern die für jede weitere schulische Bildung notwendigen, grundlegenden Kenntnisse und Fähigkeiten vermitteln (s. Art. 7 Abs. 1 S. 1 BayEUG) und Hilfen für die persönliche Entfaltung geben (s. Art. 7 Abs. 1 S. 2 BayEUG). Die Bildungs- und Erziehungsinhalte des IB Primary Years Programme (PYP) sind denen öffentlicher Grundschulen gleichwertig.

Dass die Grundschule der Munich International School andere (internationale) Lehrpläne und Stundentafeln verwendet als die öffentlichen Grundschulen, steht

[291] A. I.

ihrer Ersatzschulqualität ebenso wenig entgegen wie der Einsatz abweichender Unterrichtsmethoden und pädagogischer Konzepte. Diese Merkmale sind für den Ersatzschulbegriff des Art. 7 Abs. 4 S. 2 GG ohne Belang, solange im Ergebnis zum Ende des Bildungsganges gleichwertige Kenntnisse und Fähigkeiten vermittelt werden. Private Ersatzschulen müssen weder identische Bildungsgänge (und Abschlüsse) anbieten wie öffentliche Schulen noch ihnen in den Lehrplänen, Stundentafeln, Unterrichtsmethoden oder dem pädagogischen Konzept entsprechen.[292] Im Übrigen zeigen die Beschlüsse der KMK zur Gleichwertigkeit der Mittel- und Oberschulen der Internationalen Schulen mit öffentlichen Mittelschulen und Gymnasien in Verbindung mit deren Umsetzung durch den Freistaat Bayern, dass die Verwendung internationaler Lehrpläne sowie von den öffentlichen Schulen abweichender Unterrichtsmethoden und pädagogischer Konzepte der Ersatzschuleigenschaft der Internationalen Schulen nicht entgegensteht.[293]

Die Konfessionsunabhängigkeit des Unterrichts an Internationalen Schulen ist ebenfalls kein Hinderungsgrund für ihre Gleichwertigkeit mit öffentlichen Grundschulen. Ungeachtet der Frage, ob die Bestimmungen des Art. 7 Abs. 3 und 4 BayEUG zum Unterricht und zur Erziehung der SchülerInnen „nach den gemeinsamen Grundsätzen der christlichen Bekenntnisse" sowie zum Anbringen eines Kreuzes in den Klassenzimmern mit dem verfassungsrechtlichen Gebot weltanschaulich-religiöser Neutralität des Staates in Einklang stehen,[294] sind sie jedenfalls für private (Ersatz-)Schulen rechtlich unverbindlich. Die Unterrichtung und Erziehung nach bestimmten religiösen Bekenntnissen ist weder ein Merkmal des Ersatzschulbegriffes (Art. 7 Abs. 4 S. 2 GG) noch darf diesbezüglich von privaten Schulen im Rahmen der Prüfung der Genehmigungsvoraussetzungen (Art. 7 Abs. 4 S. 3 und 4 GG) Gleichwertigkeit mit den öffentlichen Schulen verlangt werden. Zu dem durch Art. 7 Abs. 4 S. 1 GG gewährleisteten Grundrecht der Privatschulfreiheit gehört das Recht privater Schulen, über ihre religiöse und weltanschauliche Prägung autonom zu befinden.[295] Der dem staatlichen Einfluss entzogene Bereich der Privatschule ist u. a. dadurch gekennzeichnet, „dass in der Privatschule ein eigenverantwortlich geprägter und gestalteter Unterricht erteilt wird", insbesondere soweit er die Erziehungsziele und die weltanschauliche Basis betrifft.[296] Dieses Recht ist durch Art. 7 Abs. 4 S. 2 bis 4 GG nicht eingeschränkt.[297] Für den Ersatzschulbegriff ist allein maßgeblich, dass private Schulen im Kern gleiche Kenntnisse und Fertigkeiten anstreben, „unbeschadet eines von einer eigenen weltanschaulichen Basis aus eigenverantwortlich geprägten Unterrichts mit darauf abgestellten Lehrmethoden und

---

[292] S. unter C. III. 2.

[293] Vgl. näher unter D. I.

[294] Vgl. hierzu *Brosius-Gersdorf*, in: Dreier, Grundgesetz, Art. 7 Rn. 81.

[295] *Brosius-Gersdorf*, in: Dreier, Grundgesetz, Art. 7 Rn. 103.

[296] S. nur BVerfGE 27, 195 (200 f.); 75, 40 (61 f.); BVerwG, NVwZ-RR 2019, 686 (688) – ständige Rechtsprechung.

[297] Vgl. BVerwG, NVwZ-RR 2019, 686 (688 f.).

Lehrinhalten".[298] Als „Symbol für christliche Glaubensinhalte"[299] kann ein Kreuz im Klassenzimmer privater Schulen ebenso wenig verlangt werden (s. aber Art. 7 Abs. 4 BayEUG) wie Unterricht „nach den gemeinsamen Grundsätzen der christlichen Bekenntnisse" (s. aber Art. 7 Abs. 3 BayEUG). Art. 7 Abs. 4 GG schließt es aus, Konfessionsgebundenheit „den allgemeinen Bildungs- und Erziehungszielen sowie fachlichen Qualifikationen zuzuordnen, die Ersatzschulen anstreben müssen, weil sie den ihnen entsprechenden öffentlichen Schulen nach geltendem Recht vorgeschrieben sind".[300]

Im Ergebnis steht damit fest, dass die Grundschule der Munich International School öffentlichen Grundschulen in den zum Ende des Bildungsganges angestrebten Kenntnissen und Fähigkeiten gleichwertig ist. Ob die Munich International School nach ihren Lehrzielen und Einrichtungen sowie der wissenschaftlichen Ausbildung ihrer Lehrkräfte tatsächlich in der Lage ist, ihren Schülerinnen und Schülern zum Ende der 4. Jahrgangsstufe im Kern gleichwertige Kenntnisse und Fähigkeiten zu vermitteln wie öffentliche Grundschulen, ist keine Frage des Ersatzschulbegriffes des Art. 7 Abs. 4 S. 2 GG, sondern der Genehmigungsprüfung nach Art. 7 Abs. 4 S. 3 und 4 GG.[301] Im Rahmen dieser Genehmigungsprüfung wird zu berücksichtigen sein, dass die Grundschule (ebenso wie die Mittel- und Oberschule) der Munich International School in internationalen Schulleistungsvergleichen durchgängig weit überdurchschnittliche und bessere Bildungsergebnisse erzielt als die entsprechenden öffentlichen Schulen in Bayern.

2. Gleichwertigkeit der Unterrichtssprache

Der Ersatzschulqualität der Grundschule der Munich International School steht auch nicht entgegen, dass an ihr anders als an öffentlichen Grundschulen in Bayern nicht in deutscher, sondern englischer Unterrichtssprache unterrichtet wird. Zwar dürfte die deutsche Unterrichtssprache an den öffentlichen Grundschulen zu den prägenden Merkmalen ihres Bildungsganges und damit zu den konstitutiven Merkmalen des Ersatzschulbegriffes (Art. 7 Abs. 4 S. 2 GG) zählen, sodass private Ersatzschulen öffentlichen Schulen auch im Hinblick auf die Unterrichtssprache gleichwertig sein müssen.[302] Auch existiert in Bezug auf die Internationalen Grundschulen – anders als für die Internationalen Mittel- und Oberschulen – kein

[298] BVerwG, NVwZ-RR 2019, 686 (688 f.).

[299] S. nur BVerfG, NJW 1995, 2477 (2482) – ständige Rechtsprechung.

[300] BVerwG, NVwZ-RR 2019, 686 (688 f.) bezogen auf Religionsunterricht, der es als konfessionell gebundene Veranstaltung ausschließe, „ihn den allgemeinen Bildungs- und Erziehungszielen sowie fachlichen Qualifikationen zuzuordnen, die Ersatzschulen anstreben müssen, weil sie den ihnen entsprechenden öffentlichen Schulen nach geltendem Recht vorgeschrieben sind".

[301] Näher unter C. III. 2.

[302] Dazu unter C. III. 2. c) bb).

Beschluss der KMK, der die Gleichwertigkeit mit öffentlichen (Grund-)Schulen trotz der abweichenden Unterrichtssprache feststellt. Jedoch lässt sich aus dem Beschluss der KMK vom 08.12.2011 i. d. F. vom 24.09.2020 zum Middle Years Programme sowie dem Beschluss der KMK vom 10.03.1986 i. d. F. vom 07.03.2019 zum International Baccalaureate Diploma, die der Freistaat Bayern umgesetzt hat,[303] ableiten, dass die englische Unterrichtssprache der Internationalen Schulen kein Hinderungsgrund für die Gleichwertigkeit mit öffentlichen Schulen und mithin für ihre Ersatzschulqualität ist. Es sind keine Gründe ersichtlich, weshalb für die private Grundschule zur Gewährleistung von Gleichwertigkeit mit öffentlichen Grundschulen die deutsche Unterrichtssprache erforderlich sein soll, während dies für die Mittel- und Oberschule nicht der Fall ist.

Hierfür spricht auch die Vorschrift des Art. 92 Abs. 5 S. 3 BayEUG, nach der „staatlich genehmigten Ersatzschulen, die für Kinder nicht deutscher Staatsangehöriger bestimmt sind, … ein von Art. 5 Abs. 1 abweichendes Schuljahr genehmigt werden“ kann. Wenn danach Ersatzschulen für Kinder nicht deutscher Staatsangehöriger „bestimmt“ sein dürfen, also primär oder ausschließlich für sie angeboten werden dürfen, dürfte damit implizit gestattet sein, sie vorwiegend in nicht deutscher – z. B. englischer – Unterrichtssprache zu unterrichten.

Im Übrigen darf die Verwendung von Englisch als Unterrichtssprache der Ersatzschuleigenschaft der Internationalen Schulen auch aus Gründen des Europäischen Unionsrechtes nicht entgegenstehen. Das Angebot der Internationalen Schulen richtet sich primär an Kinder international mobiler Eltern, die als ausländische Fach- und Führungskräfte für eine begrenzte Zeit nach Deutschland kommen. Kinder solcher international mobilen Eltern, die aus einem anderen Mitgliedstaat der Europäischen Union nach Deutschland kommen, um hier einer Beschäftigung nachzugehen, haben zur Verwirklichung des Art. 45 AEUV (Arbeitnehmerfreizügigkeit) das Recht, Schulen in Deutschland unter denselben Bedingungen zu besuchen wie Kinder mit deutscher Staatsangehörigkeit. Daraus folgt zwar wohl keine Verpflichtung der Bundesrepublik Deutschland bzw. der Bundesländer, für Kinder von Wanderarbeitnehmerinnen und -arbeitnehmern aus der Europäischen Union ein Schulangebot bereitzuhalten, das sie in der Unterrichtssprache ihres Landes oder in der internationalen Weltsprache Englisch unterrichtet und zu internationalen Abschlüssen führt.[304] Ein solches Schulangebot in englischer Unterrichtssprache und mit internationalen Abschlüssen trägt der Arbeitnehmerfreizügigkeit (Art. 45 AEUV) aber in besonderem Maße Rechnung. Es trägt dazu bei, das Europäische Unionsrecht bestmöglich zu verwirklichen. Die Versagung eines solchen Schulangebotes widerspricht daher dem Gedanken der Europäischen Union, den Unionsbürgern umfassende Freizügigkeit zu gewähren.

---

[303] S. D. I. 3. a).

[304] Näher oben nach Fn. 192.

Der Freistaat Bayern darf allenfalls – wie auch für die Mittelschule –[305] festlegen, in welchem Umfang die internationalen Grundschulen den Schülerinnen und Schülern zum Ende des Bildungsganges hinreichende Deutschkenntnisse vermitteln müssen, um als Ersatz für öffentliche Grundschulen zu gelten. In dem zur Vermittlung der hinreichenden Deutschkenntnisse notwendigen Maße müsste dann an den internationalen Grundschulen Deutschunterricht erteilt werden und müssten hierfür deutschsprachige Lehrkräfte zum Einsatz kommen. Das steht aber der Verwendung der englischen Unterrichtssprache und dem Einsatz nicht deutschsprachiger Lehrkräfte im Übrigen, d. h. in den anderen Fächern als Deutsch, nicht entgegen.

3. Gleichwertigkeit der Lehrkräfte (Muttersprache)

Aus denselben Gründen spricht gegen die Ersatzschulqualität der Grundschule der Munich International School auch nicht die Beschäftigung überwiegend ausländischer Lehrkräfte mit nicht deutscher Muttersprache.

Zwar werden an den öffentlichen Grundschulen in Bayern vorwiegend Lehrkräfte mit deutscher Muttersprache beschäftigt.[306] Auch wird man die für den Unterricht erforderlichen deutschen Sprachkenntnisse von Lehrkräften wohl zu den elementaren Merkmalen der Bildungsgänge öffentlicher Schulen zählen müssen, sodass die Qualifizierung privater Schulen als Ersatzschulen voraussetzt, dass ihre Lehrkräfte über gleichwertige Sprachkenntnisse verfügen.[307] Es ergibt sich aber bereits aus dem Beschluss der KMK vom 08.12.2011 i. d. F. vom 24.09.2020 zum Middle Years Programme sowie dem Beschluss der KMK vom 10.03.1986 i. d. F. vom 07.03. 2019 zum International Baccalaureate Diploma, die der Freistaat Bayern umgesetzt hat,[308] dass der Einsatz ausländischer Lehrkräfte an den Internationalen Schulen kein Hinderungsgrund für die Gleichwertigkeit mit öffentlichen Schulen und mithin für ihre Ersatzschulqualität ist. Die KMK und der Freistaat haben die Mittel- und Oberschule der Munich International School als den öffentlichen Mittelschulen und Gymnasien gleichwertig anerkannt, obwohl an den Internationalen Schulen überwiegend ausländische Lehrkräfte mit nicht deutscher Muttersprache unterrichten. Es sind keine Gründe ersichtlich, weshalb für die Grundschule der Internationalen Schulen zur Gewährleistung von Gleichwertigkeit mit öffentlichen Grundschulen der Einsatz deutscher Lehrkräfte erforderlich sein soll, während dies für die Mittel- und Oberschule der Internationalen Schulen nicht der Fall ist. Allenfalls mag sich aus einer Bedingung des Nachweises hinreichender Deutschkenntnisse der SchülerInnen

[305] Vgl. oben unter D. I. 3. a) aa).

[306] S. oben C. III. 2. c) cc).

[307] S. unter C. III. 2. c) cc).

[308] Näher oben D. I. 3. a).

der Grundschule der Munich International School implizit das Erfordernis der Beschäftigung einer genügenden Zahl deutschsprachiger Lehrkräfte ergeben.

Hierfür spricht auch Art. 92 Abs. 5 S. 3 BayEUG, wonach Ersatzschulen für Kinder nicht deutscher Staatsangehöriger „bestimmt" sein dürfen, also primär oder ausschließlich für sie errichtet werden dürfen. Damit ist implizit gestattet, eine nicht deutsche – z. B. englischer – Unterrichtssprache zu verwenden, was den Einsatz von Lehrkräften mit nicht deutscher Muttersprache legitimiert.

Schließlich folgt auch aus Europäischem Unionsrecht, dass der Einsatz ausländischer Lehrkräfte für den Unterricht in englischer Sprache an den Internationalen Schulen ihrer Ersatzschuleigenschaft nicht entgegensteht. Die Internationalen Schulen tragen damit bestmöglich zur Verwirklichung der Arbeitnehmerfreizügigkeit (Art. 45 AEUV) bei.[309]

III. Ergebnis zum Schulstatus der Internationalen Schulen

Im Ergebnis steht damit fest: Sowohl die Mittel- und die Oberschule (Jahrgangsstufen 5 bis 12) als auch die Grundschule (Jahrgangsstufen 1 bis 4) der Munich International School ist Ersatzschule i. S. d. Art. 7 Abs. 4 S. 2 GG. Ihre Bildungsgänge und Abschlüsse (Mittel- und Oberschule) sind denen der öffentlichen Grund- und Mittelschulen bzw. Gymnasien im Land gleichwertig. Dass die Internationalen Schulen nach internationalen Programmen und Lehrplänen der IBO unterrichten, Unterricht in englischer Sprache erteilen, ausländische Lehrkräfte einsetzen und ihr Angebot primär an Kinder international mobiler Arbeitskräfte aus dem Ausland richten, steht ihrer Ersatzschuleigenschaft nicht entgegen. Diese Umstände müssen daher auch bei der – systematisch nachgelagerten – Prüfung der Genehmigungsvoraussetzungen (Art. 7 Abs. 4 S. 3 und 4 GG; für die Grundschule gilt zusätzlich Art. 7 Abs. 5 GG) unberücksichtigt bleiben. Auf sie darf eine Verweigerung der Genehmigung nicht gestützt werden.

IV. Erforderlichkeit einer staatlichen Anerkennung für Vergabe von Abschlüssen?

Nach der Rechtsprechung des Bundesverfassungsgerichtes ist mit dem verfassungsrechtlichen Begriff der Ersatzschule (Art. 7 Abs. 4 S. 2 GG) nicht die Befugnis zur Vergabe öffentlicher Berechtigungen mit Außenwirkung verbunden.[310] Aus

[309] Vgl. näher oben nach Fn. 304.

[310] Nachweis in Fn. 28.

diesem Grund ist nach fast allen Landesschulgesetzen zusätzlich zur Genehmigung eine staatliche Anerkennung von Ersatzschulen erforderlich, damit sie öffentliche Berechtigungen verleihen können wie Prüfungen, Zeugnisse und Abschlüsse. Voraussetzung für die staatliche Anerkennung ist die Erfüllung von über die Genehmigungsvoraussetzungen des Art. 7 Abs. 4 S. 3 und 4 GG hinausgehenden Bedingungen wie die Beachtung der für die staatlichen Schulen geltenden Aufnahme-, Versetzungs- und Prüfungsordnungen.[311]

In Bayern ist das Erfordernis der staatlichen Anerkennung von Ersatzschulen, die öffentliche Berechtigungen vergeben wollen, in Art. 100 BayEUG geregelt. Danach wird einer Ersatzschule, die die Gewähr dafür bietet, dass sie dauernd die an gleichartige oder verwandte öffentliche Schulen gestellten Anforderungen erfüllt, vom zuständigen Staatsministerium auf Antrag die Eigenschaft einer staatlich anerkannten Ersatzschule verliehen (Art. 100 Abs. 1 S. 1 Halbs. 1 BayEUG). Staatlich anerkannte Ersatzschulen sind (im Rahmen des Art. 90 BayEUG) verpflichtet, bei der Aufnahme, beim Vorrücken und beim Schulwechsel von SchülerInnen sowie bei der Abhaltung von Prüfungen die für öffentliche Schulen geltenden Regelungen anzuwenden (Art. 100 Abs. 2 S. 1 BayEUG). Mit der Anerkennung erhält die Schule das Recht, Zeugnisse zu erteilen, die die gleiche Berechtigung verleihen wie die der öffentlichen Schulen (Art. 100 Abs. 2 S. 2 BayEUG).

Grundsätzlich gilt danach, dass private Schulen durch die Genehmigung als Ersatzschule zwar das Recht erhalten, die Schule als Ersatzschule zu errichten und zu betreiben (Art. 7 Abs. 4 GG, Art. 92 Abs. 1 S. 1 BayEUG). Die Befugnis, selbst Prüfungen abzunehmen sowie Zeugnisse und Abschlüsse zu erteilen, die die gleiche Berechtigung verleihen wie die der staatlichen Schulen, steht ihnen aber nur zu, wenn sie auch staatlich anerkannt sind nach Art. 100 BayEUG.

Im Fall der Internationalen Schulen ist eine staatliche Anerkennung nach Art. 100 BayEUG weder rechtlich vorgesehen noch verfassungsrechtlich zulässig. Die Internationalen Schulen in Bayern nehmen zwar selbst Prüfungen ab und erteilen Zeugnisse sowie Abschlüsse. Es handelt sich aber nicht um Zeugnisse und Abschlüsse, „die die gleiche Berechtigung verleihen wie die der öffentlichen Schulen“. Die Internationalen Schulen erteilen nicht deutsche, sondern nach den Bestimmungen der IBO vergebene internationale Zeugnisse und Abschlüsse. Die Internationalen Schulen nehmen bei der Vergabe der internationalen Abschlüsse Middle Years Programme (MYP Certificate) und International Baccalaureate Diploma keine deutschen öffentlichen Berechtigungen wahr, die ihre Anerkennung durch den Freistaat Bayern legitimieren und ggf. erfordern könnten. Eine durch die staatliche Anerkennung nach Art. 100 BayEUG erfolgende Beleihung[312] zur Ausübung deutscher Hoheitsgewalt durch die Vergabe deutscher öffentlicher Berechtigungen ist weder nach Art. 100 BayEUG geboten noch nach Art. 7 Abs. 4 GG zulässig. Eine

---

[311] S. hierzu insgesamt bereits oben unter C. I.

[312] Zur Beleihung privater Schulen durch staatliche Anerkennung s. nur *Brosius-Gersdorf*, Die Verwaltung 45 (2012), 389 (398).

landesgesetzliche Verpflichtung von Ersatzschulen zur staatlichen Anerkennung für die Vergabe öffentlicher Berechtigungen ist mit dem Grundrecht der Privatschulfreiheit (Art. 7 Abs. 4 S. 1 GG) nur vereinbar, wenn und soweit öffentliche Berechtigungen vergeben werden.[313] Das ist bei den Internationalen Schulen nicht der Fall. Ihnen steht daher das Recht zur Vergabe von Zeugnissen und Abschlüssen nach den Bestimmungen der IBO bereits mit der Genehmigung als Ersatzschule zu (Art. 7 Abs. 4 S. 2 bis 4 GG, Art. 91 ff. BayEUG). Eine zusätzliche staatliche Anerkennung der Internationalen Schulen ist zur Sicherung des öffentlichen Berechtigungswesens nicht erforderlich und daher verfassungsrechtlich nicht zulässig.

313 Vgl. BVerfGE 27, 195 (200 ff.).

E. Konsequenzen aus dem Ersatzschulstatus der Internationalen Schulen für die Genehmigung und Finanzhilfe

Aus dem Ersatzschulstatus (Art. 7 Abs. 4 S. 2 GG) der Grund-, Mittel- und Oberschule der Munich International School leiten sich eine Reihe verfassungsrechtlicher Konsequenzen für die Genehmigung (s. Ziff. I.), für die Finanzierung durch Schulgeld (s. Ziff. II.) und für die Finanzhilfe des Freistaates Bayern (s. Ziff. III.) ab.

I. Genehmigungsanspruch bei Erfüllung der Voraussetzungen des Art. 7 Abs. 4 S. 3 und 4 GG

Als Ersatzschulen bedürfen die Grund-, Mittel- und Oberschule der Munich International School der Genehmigung des Staates (Art. 7 Abs. 4 S. 2 GG). Unter den in Art. 7 Abs. 4 S. 3 und 4 GG (für die Grundschule gilt zusätzlich: Art. 7 Abs. 5 GG) abschließend[314] geregelten Voraussetzungen steht dem Schulträger ein Rechtsanspruch[315] auf Genehmigung zu. Mit Erteilung der Genehmigung haben die Internationalen Schulen von Verfassungs wegen (Art. 7 Abs. 4 GG) einen Anspruch auf Finanzhilfe des Staates (s. näher Ziff. III.) sowie das Recht, schulpflichtige SchülerInnen aufzunehmen.[316]

Ob die Genehmigungsvoraussetzungen des Art. 7 Abs. 4 S. 3 und 4 GG (für die Grundschule zusätzlich: Art. 7 Abs. 5 GG)[317] im Fall der Internationalen Schulen erfüllt sind, kann hier nicht beurteilt werden. Diese Prüfung muss die zuständige Schulaufsichtsbehörde anhand der erforderlichen Unterlagen (s. Art. 92 Abs. 1 S. 2 BayEUG) für die jeweilige Schule leisten. Die Grundschule und die Mittelschule der Munich International School wurden bereits von der als Schulaufsichtsbehörde zuständigen Bezirksregierung von Oberbayern als Ersatzschulen genehmigt, aller-

---

[314] Näher bei und in Fn. 24.

[315] Näher bei und in Fn. 25.

[316] Näher bei und in Fn. 27.

[317] Zum Vorliegen der Voraussetzungen des Art. 7 Abs. 5 GG bei Internationalen Grundschulen *Poscher/Neupert*, RdJB 2005, 244 (252 f.), denen zufolge ein besonderes pädagogisches Interesse i. S. d. Art. 7 Abs. 5 Alt. 1 GG wegen des Konzepts der Internationalen Schulen als „Begegnungsschulen“ für das Zusammentreffen von Schülerinnen und Schülern verschiedener Nationen und Kulturen bestehe; ebenso *v. d. Hövel*, RdJB 2007, 330 (332).

dings bezogen und beschränkt auf die Jahrgangsstufen 1 bis 9. Für die 10. Jahrgangsstufe sowie für die weitere Oberschule (Jahrgangsstufen 11 und 12) wurde keine Genehmigung erteilt; hierauf besteht unter den Voraussetzungen des Art. 7 Abs. 4 S. 3 und 4 GG indes ein Rechtsanspruch.

Bei der Prüfung, ob die Munich International School auch in den Jahrgangsstufen 10 (Mittelschule) und 11 bis 12 (Oberschule) die Genehmigungsvoraussetzungen des Art. 7 Abs. 4 S. 3 und 4 GG erfüllt, darf die Bezirksregierung von Oberbayern keine Umstände berücksichtigen, die bereits auf der vorgelagerten Ebene des Ersatzschulbegriffes (Art. 7 Abs. 4 S. 2 GG) Beachtung finden. Die Genehmigung darf deshalb insbesondere nicht verweigert werden, weil die Munich International School nach internationalen Programmen und Lehrplänen der IBO unterrichtet, Unterricht in englischer Sprache erteilt, ausländische Lehrkräfte beschäftigt und ihr Angebot primär an Kinder international mobiler Arbeitskräfte aus dem Ausland richtet.[318]

Die landesgesetzlichen Genehmigungsvorschriften des Art. 134 BV und der Art. 91 ff. BayEUG sind bei der Genehmigungsprüfung bundesverfassungskonform im Lichte des Art. 7 Abs. 4 S. 3 und 4 GG auszulegen und anzuwenden.[319]

Da das Bayerische Gesetz über das Erziehungs- und Unterrichtswesen – im Gegensatz zu den Landesschulgesetzen anderer Bundesländer – nicht den Typus staatlich anerkannter Ergänzungsschulen kennt,[320] kann dahinstehen, ob eine landesschulgesetzliche Einordnung Internationaler Schulen als anerkannte Ergänzungsschulen (und nicht als Ersatzschulen) mit Art. 7 Abs. 4 GG in Einklang stünde. Da die Internationalen Schulen in Bayern verfassungsrechtlich Ersatzschulen (Art. 7 Abs. 4 S. 2 GG) und nicht Ergänzungsschulen sind, wäre eine schulgesetzliche Qualifizierung als anerkannte Ergänzungsschulen verfassungsrechtlich allenfalls zulässig, wenn es sich dabei nur um eine (falsche) formale Etikettierung handelte und die Internationalen Schulen im Hinblick auf das Genehmigungsregime (Art. 7 Abs. 4 S. 2 bis 4 GG), das Recht zur Aufnahme schulpflichtiger SchülerInnen und staatliche Finanzhilfe (Art. 7 Abs. 4 GG) materiell als Ersatzschulen behandelt würden (falsa demonstratio non nocet).[321] Ein solcher „Etikettenschwindel" könnte verfassungsrechtlich hinnehmbar sein.[322] In diese Richtung mag deuten, dass das Bundesverfassungsgericht formuliert: „In welcher Weise der Landesgesetzgeber die Ersatzschulen … rechtstechnisch behandelt, bleibt … ihm überlassen, solange er inhaltlich

---

[318] Oben unter A. I.

[319] Vgl. hierzu bereits C. IV.

[320] Näher oben C. I.

[321] Vgl. *Wißmann*, in: Kahl/Waldhoff/Walter, Bonner Kommentar zum Grundgesetz, Art. 7 Rn. 210.

[322] So im Ergebnis *Poscher/Neupert*, RdJB 2005, 244 (251); *Kümper*, DÖV 2015, 864 (873 f.). Zweifel an der Verfassungskonformität landesrechtlicher Regelungen zur staatlichen Anerkennung von Ergänzungsschulen haben dagegen *Rux*, Schulrecht, § 3 Rn. 1289 und *Vogel*, DÖV 2008, 895 (899).

den Vorgaben des Grundgesetzes genügt."[323] Indes muss die Frage in Bayern nicht geklärt werden, weil das Landesschulrecht den Typus anerkannter Ergänzungsschulen, wie gesagt, nicht kennt.

II. Sonderungsverbot für Ersatzschulen (Art. 7 Abs. 4 S. 3 GG)

Zu den Genehmigungsvoraussetzungen für Ersatzschulen gehört gem. Art. 7 Abs. 4 S. 3 GG, dass „eine Sonderung der Schüler nach den Besitzverhältnissen der Eltern nicht gefördert wird". Ergänzende Maßgaben für Schulgeld privater Ersatzschulen können sich aus Art. 3 Abs. 1 GG ergeben.

Welcher Inhalt dem Sonderungsverbot zukommt und welche Konsequenzen sich hieraus für das Schulgeld von Ersatzschulen ergeben, ist umstritten und höchstrichterlich nicht geklärt.

1. Meinungsstand in Rechtsprechung und Schrifttum

Fest steht, dass das Sonderungsverbot des Art. 7 Abs. 4 S. 3 GG das Ziel verfolgt, „ein Monopol für die Kinder wirtschaftlich und sozial besser gestellter Eltern"[324] und damit „Sonderschulen" für „Begüterte",[325] d.h. „reiche Leute",[326] zu verhindern. Dementsprechend muss „die Privatschule grundsätzlich allen Bürgern ohne Rücksicht auf ihre finanziellen Verhältnisse" offenstehen.[327] Sie muss „von allen Eltern und Schülern ohne Rücksicht auf ihre wirtschaftliche Lage in Anspruch genommen werden können."[328] In diesem Sinne muss die Ersatzschule „allgemein zugänglich" sein.[329]

Zum Teil wird das Sonderungsverbot dabei restriktiv in dem Sinne interpretiert, dass es nur Schulgeldermäßigung oder Freiplätze für „eine bestimmte Anzahl von Schülern gebiete";[330] oder dass Schulgeld nur „nicht in einer Höhe erhoben werden (dürfe), die einem durchschnittlichen Bürger den Zugang zu der Ersatzschule fak-

323 BVerfGE 90, 128 (139) bezogen auf eine landesgesetzliche Regelung, die Ersatzschulen i. S. d. Art. 7 Abs. 4 S. 2 GG Rechte im Wege einer Fiktion zuerkennt.

324 Parlamentarischer Rat XIV/1, S. 630.

325 Parlamentarischer Rat XIV/2, S. 1355.

326 Parlamentarischer Rat XIV/2, S. 1371.

327 BVerfGE 90, 107 (119); vgl. auch BVerfGE 75, 40 (64); *Badura*, in: Maunz/Dürig, Grundgesetz, Art. 7 Rn. 120.

328 BVerfGE 90, 107 (119).

329 BVerfGE 75, 40 (64); 90, 107 (119).

330 So aber *Jach*, in: Vogel/Knudsen, Bildung und Erziehung in freier Trägerschaft, Kap. 20 S. 117.

tisch versperrt";[331] oder dass Ersatzschulen nur für „breite Kreis(e) einer relativ gut verdienenden Mittelschicht"[332] bzw. für die meisten Eltern[333] offenstehen müssten. Mit Blick auf den Text und das Telos des Art. 7 Abs. 4 S. 3 GG wird dagegen überwiegend zu Recht vertreten, dass „einige wenige Freiplätze oder Schulgeldstipendien in Ausnahmefällen … die allgemeine Zugänglichkeit … nicht" gewährleisten.[334] Ersatzschulen müssen allen Kindern ungeachtet der finanziellen Leistungsfähigkeit ihrer Eltern zugänglich sein.[335]

Welche Anforderungen aus dem Sonderungsverbot für die Erhebung von Schulgeld folgen, ist nicht verbindlich geklärt und in vielen Punkten umstritten. Einzelfragen wie die, was unter den „Besitzverhältnissen der Eltern" zu verstehen ist, für welche Schulentgelte das Sonderungsverbot gilt, wer Schulgeldschuldner ist und wie Schulgeldtabellen zu gestalten sind, sind kaum diskutiert. Insbesondere existiert – entgegen anderslautender Behauptung[336] – keine konsolidierte Rechtsprechung der Verwaltungsgerichte zu Schulgeld.[337] Es gibt überhaupt nur wenige Judikate zu Schulgeld, die allesamt Einzelfälle betreffen, überwiegend lange Zeit zurückliegen und kaum verallgemeinerungsfähig sind.[338] Zudem haben sich die Gerichte mit Schulgeld überwiegend nicht als Voraussetzung für die Genehmigung einer Ersatzschule befasst, sondern als Faktor der Anrechnung auf staatliche Finanzhilfe für Ersatzschulen.

Das Bundesverfassungsgericht hat in einem Urteil vom 08.04.1987 in einem Schulgeld „von mehreren Hundert Mark monatlich pro Kind" einen Verstoß gegen das Sonderungsverbot gesehen, weil nur „finanziell besser ausgestattete Bevölkerungskreise in der Lage oder auch nur bereit (wären), derartige Summen aufzubringen".[339] Dieses Urteil bezog sich auf ein einheitliches Schulgeld für alle Eltern in dieser Höhe ohne Ermäßigungen für finanziell schlechtergestellte Eltern. In einer

[331] *Pieroth*, in: Geis/Winkler/Bickenbach, Festschrift für Hufen, S. 381 (389).

[332] *Theuersbacher*, RdJB 1994, 497 (505).

[333] VGH Baden-Württemberg, Urteil vom 11.04.2013–9 S 233/12, Rn. 137 (juris).

[334] BVerfGE 90, 107 (119); vgl. BVerwG, Urteil vom 21.12.2011–6 C 18/10, BeckRS 2012, 46370 Rn. 32; VGH Baden-Württemberg, Urteil vom 19.07.2005–9 S 47/03, BeckRS 2005, 29064; VG Stuttgart, Urteil vom 02.02.2010–13 K 3238/09, BeckRS 2010, 47313 Rn. 22; *Heinig/Vogel*, LKV 2012, 337 (340); *Geis*, in: Friauf/Höfling, Berliner Kommentar zum Grundgesetz, Art. 7 Rn. 84.

[335] Näher *Brosius-Gersdorf*, NVwZ 2018, 761 (763); vgl. auch *Badura*, in: Maunz/Dürig, Grundgesetz, Art. 7 Rn. 120.

[336] Von einer konsolidierten Rechtsprechung zum Schulgeld gehen unzutreffend *Wrase/Helbig*, NVwZ 2016, 1591 (1592 f.) aus.

[337] *Brosius-Gersdorf*, NVwZ 2018, 761 (766 f.); *Hardorp*, R&B 1/2017, 5 (8, 10, 13); vgl. auch VGH Baden-Württemberg, Urteil vom 14.07.2010–9 S 2207/09, BeckRS 2010, 50833 Rn. 47; *Heinig/Vogel*, LKV 2012, 337 (340); *Eisinger/Warndorf/Falterbaum/Feldt*, Grenzen der Belastbarkeit privater Haushalte mit Schulgeld, S. 139.

[338] Eine Verallgemeinerungsfähigkeit nehmen dagegen an *Wrase/Helbig*, NVwZ 2016, 1591 (1592 f.); s. dazu die zutreffende Kritik bei *Hardorp*, R&B 1/2017, 5 (5 ff.).

[339] BVerfGE 75, 40 (64 f.).

weiteren Entscheidung vom 09.03.1994 befand das Bundesverfassungsgericht, dass „Beträge in der Größenordnung von monatlich 170 bis 190 DM ... nicht von allen Eltern gezahlt werden können".[340] Der Entscheidung lag ein Fall zugrunde, in dem Eltern auf der Grundlage einer freiwilligen Selbsteinschätzung ein Schulgeld in Höhe von durchschnittlich monatlich 190 DM bzw. 172 DM je SchülerIn entrichtet hatten.[341] Auch ging es in der Entscheidung um Schulgeld als Faktor zur Berechnung der Finanzhilfe des Staates und nicht als Voraussetzung für die Ersatzschulgenehmigung.[342]

Der Verwaltungsgerichtshof Baden-Württemberg hat in einem Urteil vom 12.01.2000 bezogen auf das Jahr 1986 die Erhebung eines monatlichen durchschnittlichen Schulgeldes i. H. v. 130 DM (1992: 150 DM) im Kontext der Anrechnung auf Finanzhilfe des Staates als „Grenze des Hinnehmbaren" bezeichnet.[343] Das Schulgeld war nicht nach den Einkommensverhältnissen der Eltern gestaffelt und wurde daher letztlich einheitlich von allen Eltern erhoben.[344] Zugleich stellte der Verwaltungsgerichtshof fest, dass ein im Jahr 1986 tatsächlich erhobenes Schulgeld in einer Schwankungsbreite von 100 bis 160 DM (für 1992: 120 bis 180 DM) je Monat und Kind das Sonderungsverbot nicht verletze.[345] Mit Urteil vom 19.07.2005 hat der Verwaltungsgerichtshof Baden-Württemberg ein durchschnittliches monatliches Schulgeld bis zur Höhe von 220 DM (ca. 112 €) bezogen auf das Jahr 2000 und i. H. v. 120 € bezogen auf 2005, das „nach den Einkommensverhältnissen und anderen Gesichtspunkten" gestaffelt war, als verfassungsrechtlich unbedenklich angesehen.[346] Die Ausführungen des Verwaltungsgerichtshofes bezogen sich wiederum nicht auf Schulgeld als Genehmigungsvoraussetzung nach Art. 7 Abs. 4 S. 3 GG, sondern auf Schulgeld als Anrechnungsfaktor für die Finanzhilfe des Staates. Mit Urteil vom 14.07.2010 hat der Verwaltungsgerichtshof Baden-Württemberg als sozialverträglich i. S. d. Sonderungsverbotes nur Schulgeld i. H. v. höchstens 70 € / Monat je SchülerIn angesehen.[347] Nach dem Einkommen der Eltern gestaffeltes Schulgeld ebenso wie Stipendiensysteme seien zur Wahrung des Sonderungsver-

---

[340] BVerfGE 90, 107 (119).

[341] BVerfGE 90, 107 (111); vgl. auch VGH Baden-Württemberg, Urteil vom 11.04.2013 – 9 S 233/12, BeckRS 2013, 50630 Rn. 91, wonach das Urteil des BVerfG nicht ein gestaffeltes Schulgeld betraf, „sondern ein für alle geltendes Schulgeld in dieser Höhe"; vgl. ferner *Hardorp*, R&B 1/2017, 5 (8).

[342] Näher VG Potsdam, Urteil vom 16.05.2014 – 12 K 2304/13, BeckRS 2014, 52657; *Hardorp*, R&B 1/2017, 5 (7 f.).

[343] VGH Baden-Württemberg, Urteil vom 12.01.2000 – 9 S 317/98, Rn. 81 (juris).

[344] Vgl. VGH Baden-Württemberg, Urteil vom 12.01.2000 – 9 S 317/98, Rn. 81 (juris).

[345] Vgl. VGH Baden-Württemberg, Urteil vom 12.01.2000 – 9 S 317/98, Rn. 81 (juris).

[346] VGH Baden-Württemberg, Urteil vom 19.07.2005 – 9 S 47/03, BeckRS 2005, 29064.

[347] VGH Baden-Württemberg, Urteil vom 14.07.2010 – 9 S 2207/09, BeckRS 2010, 50833 Rn. 55 – wiederum bezogen auf Schulgeld als Faktor zur Berechnung der Finanzhilfe für Ersatzschulen.

botes nicht geeignet.[348] Diese Entscheidung des Verwaltungsgerichtshofes Baden-Württemberg hob das Bundesverwaltungsgericht am 21.12.2011 u.a. mit der Begründung auf, dass „eine allgemeine Staffelung der Schulgelder nach den Einkommensverhältnissen der Eltern" geeignet sei, das Sonderungsverbot zu wahren.[349] Allerdings könne das durchschnittlich zu erreichende Schulgeld eine Höhe annehmen, die „zahlreiche und erhebliche Nachlässe erforderlich macht, um die allgemeine Zugänglichkeit der Schule zu gewährleisten".[350] Bei einer Staffelung nach den Einkommensverhältnissen der Eltern könne auch Schulgeld von mehr als 70 € je Kind und Monat mit dem Sonderungsverbot vereinbar sein.[351] Die Annahme, dass ein Schulgeld jenseits der Grenze von 70 € generell nicht mehr sozialverträglich sei, sei verfassungswidrig.[352] Unter Anwendung dieser vom Bundesverwaltungsgericht benannten Maßstäbe entschied der Verwaltungsgerichtshof Baden-Württemberg am 11.04.2013, „dass bei der Erhebung von Schulgeld einkommensabhängige Staffelmodelle im Lichte von Art. 7 Abs. 4 GG grundsätzlich zulässig" seien[353] und ein durchschnittliches Schulgeld von rund 95 € je SchülerIn, das gestaffelt erhoben wird, mit dem Sonderungsverbot vereinbar sei.[354]

Das OVG Sachsen hat von den Eltern zu leistende Schulgeldzahlungen i. H. v. 120 € / Monat und Kind nicht verfassungsrechtlich beanstandet.[355] Das VG Stuttgart hat mit Urteil vom 02.02.2010 bei einem „höchstzulässigen durchschnittlichen monatlichen Schulgeld von ca. 150 EUR ... bei entsprechender Schulgeldstaffelung" das Sonderungsverbot als gewahrt angesehen.[356] Das VG Potsdam hat mit Urteil vom 16.05.2014[357] die staatliche Begrenzung eines gestaffelten Schulgeldes auf höchstens 135 € / Monat im Durchschnitt für rechtswidrig erklärt. Die Festlegung einer Obergrenze für die pro SchülerIn durchschnittlich beim Schulträger eingehenden Schulgelder entbehre einer rechtlichen Grundlage. Sie sei ungeeignet, um einer Sonderung der SchülerInnen nach den Besitzverhältnissen der Eltern entgegenzutreten.

Ebenso wie das Bundesverwaltungsgericht nimmt auch das Schrifttum wohl überwiegend an, dass Art. 7 Abs. 4 S. 3 GG eine Staffelung von Schulgeld nach den

---

[348] VGH Baden-Württemberg, Urteil vom 14.07.2010 – 9 S 2207/09, BeckRS 2010, 50833 Rn. 49.

[349] BVerwG, Urteil vom 21.12.2011 – 6 C 18/10, BeckRS 2012, 46370 Rn. 32 ff.

[350] BVerwG, Urteil vom 21.12.2011 – 6 C 18/10, BeckRS 2012, 46370 Rn. 32.

[351] BVerwG, Urteil vom 21.12.2011 – 6 C 18/10, BeckRS 2012, 46370 Rn. 32 ff.

[352] BVerwG, Urteil vom 21.12.2011 – 6 C 18/10, BeckRS 2012, 46370 Rn. 35.

[353] VGH Baden-Württemberg, Urteil vom 11.04.2013 – 9 S 233/12, BeckRS 2013, 50630 Rn. 86.

[354] VGH Baden-Württemberg, Urteil vom 11.04.2013 – 9 S 233/12, BeckRS 2013, 50630 Rn. 89.

[355] OVG Sachsen, Urteil vom 02.03.2011 – 2 A 47/09, BeckRS 2011, 49425, wobei es um die Anrechnung von Schulgeld auf die Finanzhilfe des Landes für Ersatzschulen ging.

[356] VG Stuttgart, Urteil vom 02.02.2010 – 13 K 3238/09, BeckRS 2010, 47313 Rn. 22 ff.

[357] VG Potsdam, Urteil vom 16.05.2014 – 12 K 2304/13, BeckRS 2014, 52657.

Einkommensverhältnissen der Eltern im Grundsatz erlaubt.[358] Von manchen wird aber aus dem Sonderungsverbot – teils unter Verkennung der genannten Rechtsprechung[359] – eine Obergrenze für Schulgeld in Höhe von durchschnittlich 160 € / Monat für alle einkommensabhängig zahlenden Eltern einer Ersatzschule abgeleitet.[360] Das entspreche maximal 10 % des durchschnittlich verfügbaren monatlichen Nettohaushaltseinkommens.[361] Eltern dürften demnach mit Schulgeld i. H. v. höchstens 160 € / Monat bzw. 10 % des verfügbaren Nettoeinkommens pro Kind belastet werden.[362] Die Erhebung des Schulgeldes setze dabei eine entsprechende Einkommensstaffelung bzw. Ermäßigungen und Befreiungen für geringer verdienende Eltern sowie für Eltern mit mehreren Kindern zwingend voraus.[363] Auf der Linie dieser Schrifttumsansicht liegt auch die in Baden-Württemberg zum 01.08. 2017 vollzogene Änderung des Privatschulgesetzes und der Vollzugsverordnung, durch die das monatliche Schulgeld auf maximal 160 € durchschnittlich begrenzt wurde. Bei einem höheren Schulgeld wird vermutet, dass es eine Sonderung der SchülerInnen nach den Besitzverhältnissen der Eltern fördert.[364]

Nach wiederum anderer, vereinzelt vertretener Ansicht soll Schulgeld, solange es die notwendigen Kosten der Schule decken müsse, keine unzulässige Förderung der Sonderung der SchülerInnen sein, auch wenn dies eine real stark sondernde Wirkung haben möge.[365]

2. Inhalt und Maßgaben des Sonderungsverbotes für Schulgeld

Eine konsolidierte Rechtsprechung oder gefestigte Schrifttumsansicht zu der Frage, in welchem Umfang und in welcher Weise Ersatzschulen Schulgeld nach dem Sonderungsverbot des Art. 7 Abs. 4 S. 3 GG erheben dürfen, liegt mithin nicht vor. Bei Anwendung der herkömmlichen juristischen Hermeneutik gilt:

---

[358] Nachweise in Fn. 375.

[359] Hierzu eingehend *Hardorp*, R&B 1/2017, 5 ff.

[360] *Wrase/Helbig*, NVwZ 2016, 1591 (1592 f.) bezogen auf das Jahr 2016.

[361] *Wrase/Helbig*, NVwZ 2016, 1591 (1593) bezogen auf das Jahr 2016.

[362] *Wrase/Helbig*, NVwZ 2016, 1591 (1593).

[363] *Wrase/Helbig*, NVwZ 2016, 1591 (1593).

[364] Ziff. 5 S. 1 VVPSchG. Allerdings kann die Schule die Vermutung im Einzelfall widerlegen, wenn sie der oberen Schulaufsichtsbehörde nachweist, dass in einem angemessenen Umfang für finanzschwache SchülerInnen wirksame wirtschaftliche Erleichterungen hinsichtlich des Schulgeldes und der sonstigen im Zusammenhang mit dem Besuch der Schule stehenden Kosten angeboten und gewährt werden (Ziff. 5 S. 3 VVPSchG). In jedem Fall hat die Schule nachweislich sowohl allgemein als auch gegenüber den jeweiligen Eltern anzubieten, dass diese ein nach einem prozentualen Anteil am Haushaltsnettoeinkommen berechnetes Schulgeld zahlen können, wobei dieses 5 % des Haushaltsnettoeinkommens nicht übersteigen darf (Ziff. 5 S. 4 VVPSchG).

[365] *Vogel*, R&B 4/2017, 2 (3).

a) Sonderungsverbot verlangt besitzbezogene Gestaltung des Schulgeldes

Das Sonderungsverbot des Art. 7 Abs. 4 S. 3 GG verpflichtet nach Wortlaut, Historie sowie Sinn und Zweck die Ersatzschulen, Schulgeld so festzusetzen, dass es sich Eltern aller Besitzschichten leisten können.[366] Schulgeld muss nach hier für richtig befundener Auffassung der Höhe nach so festgelegt sein, dass der Zugang zur Ersatzschule für jedes Kind ungeachtet der Besitzverhältnisse seiner Eltern sichergestellt ist.[367] Es darf „keinem Schüler und keiner Schülerin aus wirtschaftlichen Gründen verwehrt sein …, eine Schule in freier Trägerschaft zu besuchen".[368] Bei der Erhebung von Schulgeld ist eine Anknüpfung an die Besitzverhältnisse nicht nur zulässig, sondern regelmäßig geboten, weil hierdurch erreicht wird, dass sich SchülerInnen aus allen Einkommens- und Vermögensschichten die Ersatzschule leisten können. Das Sonderungsverbot verlangt eine besitzbezogene Gestaltung des Schulgeldes, das den Zugang zur Schule für alle Eltern ungeachtet ihrer wirtschaftlichen Verhältnisse sicherstellt.[369] Das den privaten Schulen von Verfassungs wegen (Art. 7 Abs. 4 S. 1 GG) gewährleistete Recht, Schulgeld zu erheben,[370] ist für Ersatzschulen durch Art. 7 Abs. 4 S. 3 GG der Höhe nach eingeschränkt.[371]

b) Zulässige Schulgeldmodelle

Auf welche Weise die Schulen dem Sonderungsverbot Rechnung zu tragen haben, gibt Art. 7 Abs. 4 S. 3 GG nicht vor. Den Ersatzschulen steht hierbei ein weiter Gestaltungsspielraum zu.[372] In Wahrnehmung dieses Spielraumes können die Ersatzschulen zwischen verschiedenen Schulgeldmodellen wählen.[373]

Eine Möglichkeit, um eine Sonderung der SchülerInnen nach den Besitzverhältnissen ihrer Eltern zu verhindern, besteht darin, ein einheitliches Schulgeld für alle SchülerInnen festzusetzen, das auf Antrag von Eltern, die das Schulgeld nach ihren Besitzverhältnissen nicht zahlen können, ermäßigt wird. Ein solches Schul-

[366] Hierzu und zum Folgenden näher *Brosius-Gersdorf*, NVwZ 2018, 761 ff.

[367] *Brosius-Gersdorf*, NVwZ 2018, 761 (761 f.).

[368] VG Potsdam, Urteil vom 16.05.2014 – 12 K 2304/13, BeckRS 2014, 52657; ebenso *Hufen*, in: Hufen/Vogel, Keine Zukunftsperspektiven für Schulen in freier Trägerschaft?, S. 49 (61).

[369] Vgl. *BVerwG*, Urteil vom 21.12.2011 – 6 C 18/10, BeckRS 2012, 46370 Rn. 32; *Brosius-Gersdorf*, NVwZ 2018, 761 (766).

[370] Vgl. nur BayVerfGH, BayVBl. 2008, 78 (79); OVG Sachsen, Urteil vom 02.03.2011 – 2 A 47/09, BeckRS 2011, 49425; *Badura*, in: Maunz/Dürig, Grundgesetz, Art. 7 Rn. 121; *Wißmann*, in: Kahl/Waldhoff/Walter, Bonner Kommentar zum Grundgesetz, Art. 7 Rn. 252; *Jestaedt*, in: Isensee/Kirchhof, Handbuch des Staatsrechts VII, § 156 Rn. 56; *Heinig/Vogel*, LKV 2012, 337 (340).

[371] *Brosius-Gersdorf*, NVwZ 2018, 761 (761).

[372] *Brosius-Gersdorf*, Das Sonderungsverbot für private Ersatzschulen, S. 83.

[373] *Brosius-Gersdorf*, Das Sonderungsverbot für private Ersatzschulen, S. 83.

geldmodell stellt sicher, dass der Zugang von Kindern zur Ersatzschule nicht an den Besitzverhältnissen der Eltern scheitert. Ebenfalls zulässig ist ein einheitliches Schulgeld ohne Ermäßigungsmöglichkeit, wenn es so niedrig ist, dass es von allen Eltern getragen werden kann.[374]

Eine andere Möglichkeit zur Wahrung des Sonderungsverbotes ist, Schulgeld nach den Besitzverhältnissen der Eltern so zu staffeln, dass es sich alle Eltern leisten können.[375] D. h., die Schulen dürfen zur Konkretisierung des Sonderungsverbotes Einkommensgruppen bilden und festlegen, in welcher Höhe Eltern mit Schulgeld je Einkommensgruppe belastet werden.

Vorgaben für das durchschnittliche Schulgeld einer Ersatzschule lassen sich Art. 7 Abs. 4 S. 3 GG nicht entnehmen.[376] Die Festsetzung eines bestimmten Schulgelddurchschnitts ist zur Wahrung des Sonderungsverbotes ungeeignet und daher unzulässig.[377] Das gilt bereits deswegen, weil eine Obergrenze für den Schulgelddurchschnitt nicht sicherstellt, dass Schulgeld für Eltern mit geringem Einkommen, die sich das durchschnittliche (oder ein geringeres) Schulgeld nicht leisten können, ermäßigt wird.[378]

c) Keine Förderung der Sonderung der SchülerInnen nach den Besitzverhältnissen der Eltern

Unter welchen Voraussetzungen und in welchen Fällen eine – im Grundsatz zulässige – besitzbezogene Staffelung des Schulgeldes eine Sonderung der SchülerInnen nach den Besitzverhältnissen der Eltern fördert, ist nicht geklärt. Auf die Höhe des aus der Schulgeldtabelle oder aus den tatsächlichen Schulgeldeinnahmen zu errechnenden durchschnittlichen Schulgeldes abzustellen, scheidet aus den genannten Gründen aus.

---

[374] Vgl. VG Potsdam, Urteil vom 16.05.2014 – 12 K 2304/13, BeckRS 2014, 52657; s. auch *Brosius-Gersdorf*, NVwZ 2018, 761 (766).

[375] Vgl. BVerwG, Urteil vom 21.12.2011 – 6 C 18/10, BeckRS 2012, 46370 Rn. 32; VGH Baden-Württemberg, Urteil vom 11.04.2013 – 9 S 233/12, BeckRS 2013, 50630 Rn. 114; VG Potsdam, Urteil vom 16.05.2014 – 12 K 2304/13, BeckRS 2014, 52657 Rn. 27; *Jestaedt*, in: Isensee/Kirchhof, Handbuch des Staatsrechts VII, § 156 Rn. 56; *Rux*, Schulrecht, § 3 Rn. 1238; Zweifel an der Zulässigkeit einer einkommensbezogenen Staffelung von Schulgeld dagegen ohne nachvollziehbare Begründung bei *Cremer*, R&B 1/2019, 3 (10 f.).

[376] Näher *Brosius-Gersdorf*, Das Sonderungsverbot für private Ersatzschulen, S. 69 ff.; ebenso VG Potsdam, Urteil vom 16.05.2014 – 12 K 2304/13, BeckRS 2014, 52657; *Hardorp*, R&B 1/2017, 5 (16).

[377] *Brosius-Gersdorf*, Das Sonderungsverbot für private Ersatzschulen, S. 69 ff.; vgl. VG Potsdam, Urteil vom 16.05.2014 – 12 K 2304/13, BeckRS 2014, 52657.

[378] *Brosius-Gersdorf*, Das Sonderungsverbot für private Ersatzschulen, S. 69 ff.; vgl. VG Potsdam, Urteil vom 16.05.2014 – 12 K 2304/13, BeckRS 2014, 52657.

aa) „Besitzverhältnisse" der Eltern

Der verfassungsrechtliche Begriff „Besitzverhältnisse" (Art. 7 Abs. 4 S. 3 GG) meint nach Wortlaut, systematischem Zusammenhang mit Art. 20 Abs. 1 GG (Sozialstaatsgebot), Telos sowie Historie des Art. 7 Abs. 4 S. 3 GG im Grundsatz die gesamten finanziellen Verhältnisse der Eltern, d.h. ihr (ihnen wertmäßig zufließendes) Einkommen und ihr (bei ihnen vorhandenes) Vermögen.[379]

Allerdings dürfte den Ersatzschulträgern ein Gestaltungsspielraum hinsichtlich der Frage zustehen, ob sie das Schulgeld nach den Einkommens- *und* Vermögensverhältnissen oder ausschließlich nach dem Einkommen der Eltern festlegen. Das Sonderungsverbot des Art. 7 Abs. 4 S. 3 GG ist auch gewahrt, wenn die Schulträger das Vermögen der Eltern außer Acht lassen, weil dadurch die Möglichkeiten des Zuganges zur Schule erweitert und nicht verengt werden.

Die Staffelung von Schulgeld nach Maßgabe des Einkommens der Eltern unter Auslassung ihres Vermögens kann allerdings eine Ungleichbehandlung i. S. d. Art. 3 Abs. 1 GG, an den die privaten Schulträger mittelbar gebunden sein könnten, bewirken. Eltern mit Einkommen und ohne Vermögen werden benachteiligt gegenüber Eltern mit Vermögen und ohne Einkommen. Diese Ungleichbehandlung dürfte jedoch durch den sachlichen Grund gerechtfertigt sein, unzumutbaren Verwaltungsaufwand für den Schulträger zu vermeiden.

bb) Verbot der Sonderung

Weder Art. 7 Abs. 4 GG noch dem Landesschulrecht lassen sich objektive Beurteilungskriterien dafür entnehmen, in welchen Fällen Schulgeld die Sonderung der SchülerInnen nach den Einkommensverhältnissen der Eltern fördert. Den Ersatzschulen dürfte daher diesbezüglich ein weiter Einschätzungs- und Gestaltungsspielraum zukommen.[380] Die Höhe des nach Art. 7 Abs. 4 S. 3 GG (noch) zulässigen Schulgeldes ist „nicht nach wissenschaftlichen Methoden eindeutig ermittelbar".[381]

---

379 Näher *Brosius-Gersdorf*, Das Sonderungsverbot für private Ersatzschulen, S. 30ff.; für eine Einbeziehung der Vermögensverhältnisse auch *Reich*, Magdeburger Kommentar zum Grundgesetz, Art. 7 Rn. 8.

380 Vgl. SächsVerfGH, SächsVBl. 2014, 83 (91) zum Einschätzungsspielraum des Gesetzgebers im Hinblick auf den auf die Finanzhilfe anrechnungsfähigen Betrag, den eine Ersatzschule unter Ausschöpfung der durch das Sonderungsverbot vorgegebenen Grenze an Schulgeld einnehmen könnte. Vgl. auch OVG Bremen, Urteil vom 22.10.2014 – 2 D 106/13, Rn. 91f. (juris) zum Einschätzungsspielraum des Trägers der öffentlichen Jugendhilfe bezüglich der Frage, ob Kostenbeiträge für Kindertageseinrichtungen zu einer Sonderung der Kinder nach den Besitzverhältnissen der Eltern führen (mit weiteren Nachweisen). Vgl. auch bezogen auf die Staffelung von Kita-Gebühren BVerwG, NJW 2000, 1129 (1130), wonach der Träger öffentlicher Jugendhilfe bei der Staffelung der Kindergartenentgelte einen weiten Gestaltungsspielraum hat (ständige Rechtsprechung mit weiteren Nachweisen).

381 Bezogen auf Schulgeld als Faktor für die Berechnung der Finanzhilfe SächsVerfGH, SächsVBl. 2014, 83 (91); vgl. auch VGH Baden-Württemberg, Urteil vom 11.04.2013 – 9 S 233/12, Rn. 118 (juris), wonach die Beurteilung der sondernden Wirkung von

Aus diesem Grund mögen für die Bemessung, in welcher Höhe Schulgeld sondernd wirkt, verschiedene Ansätze in Betracht kommen.

Um dem Ziel des Sonderungsverbotes zu entsprechen und den Zugang zur Ersatzschule für jedermann unabhängig von den Besitzverhältnissen seiner Eltern sicherzustellen, muss Schulgeld aber letztlich für Eltern nach ihrer tatsächlichen wirtschaftlichen Leistungsfähigkeit zahlbar sein. Hierfür spricht der Zweck des Art. 7 Abs. 4 S. 3 GG, der allen Kindern unabhängig von den wirtschaftlichen Verhältnissen ihrer Eltern tatsächlich Zugang zur Ersatzschule verschaffen will. Nur sofern Schulgeld für Eltern nach ihren tatsächlichen Besitzverhältnissen wirtschaftlich tragbar ist, ist der Ersatzschulzugang für alle Kinder gewährleistet.

Von Schulgeld freibleiben müssen daher die an den Staat zu entrichtenden Steuern und Sozialversicherungsbeiträge sowie das nach Art. 1 Abs. 1 i. V. m. Art. 20 Abs. 1 GG unverfügbare Existenzminimum der Eltern und ihrer Kinder.[382] Der Anspruch auf Sicherung des menschenwürdigen Existenzminimums ist „dem Grunde nach unverfügbar"[383] und muss daher bei der Betrachtung des für Schulgeld verfügbaren Einkommens außer Betracht bleiben. Müsste Schulgeld aus Einnahmen bestritten werden, die zur Sicherung des Existenzminimums der Familienmitglieder notwendig sind, würden Eltern von einem Privatschulbesuch ihrer Kinder regelmäßig absehen und wirkte das Schulgeld sondernd. Eine Sonderung der SchülerInnen durch Schulgeld wird nur vermieden, wenn sich die Eltern das Schulgeld aus ihren Einnahmen nach Abzug der gesetzlich zu zahlenden Steuern und Abgaben sowie des unverfügbaren Existenzminimums aller Familienmitglieder leisten können. Den Eltern muss aus ihrem Netto-Einkommen abzüglich der zur Existenzsicherung notwendigen Mittel ein finanzieller Spielraum verbleiben, der ihnen die Entrichtung von Schulgeld erlaubt. Die Fähigkeit der Eltern, für Schulgeld auf Konsumgüter zu verzichten, darf nur außerhalb des existenzsichernden Mindestbedarfs berücksichtigt werden.[384]

Schulgeld „von einer Vielzahl von Faktoren abhängt, deren jeweiliges Gewicht schwer abschätzbar ist und sich auch mit Hilfe von wissenschaftlichen Untersuchungen nicht sicher erschließt". Die Entscheidung darüber, ab welcher Schulgeldhöhe eine Sonderung eintritt, stelle „eine teilweise willkürliche Grenzziehung dar"; aus dem Schrifttum *Wißmann*, in: Kahl/Waldhoff/Walter, Bonner Kommentar zum Grundgesetz, Art. 7 Rn. 252 mit der Feststellung, dass sich die Grenze, ab der eine Sonderung der SchülerInnen nach den Besitzverhältnissen der Eltern gefördert wird, „nicht starr beziffern" lasse; vgl. auch *Rux*, Schulrecht, § 3 Rn. 1236: „Wie hoch das Schulgeld höchstens ausfallen darf, lässt sich kaum auf Grundlage abstrakter Kriterien ermitteln."

382 Im Ergebnis ebenso *Eisinger/Warndorf/Falterbaum/Feldt*, Grenzen der Belastbarkeit privater Haushalte mit Schulgeld, S. 88 ff.

383 BVerfGE 125, 175 (222 ff.) – ständige Rechtsprechung.

384 Zum Zusammenhang zwischen dem Sonderungsverbot und der Bereitschaft der Eltern, zugunsten der Bildung ihres Kindes finanzielle Einschränkungen in der übrigen Lebensführung hinzunehmen, SächsVerfGH, SächsVBl. 2014, 83 (91); VGH Baden-Württemberg, Urteil vom 11.04.2013 – 9 S 233/12, Rn. 145 (juris).

Dementsprechend erscheint für EmpfängerInnen existenzsichernder Sozialleistungen ein vollständiger Erlass des Schulgeldes geboten.[385] Solche Leistungen erhalten nur hilfebedürftige Personen, die ihren notwendigen Lebensunterhalt nicht aus eigenem Einkommen und Vermögen sichern können (vgl. § 9 I SGB II, § 19 I SGB XII). Die Zahlung eines noch so geringen Schulgeldes dürfte für sie kaum möglich sein. Staatliche Grundsicherungs- und Sozialhilfeleistungen umfassen nach der Rechtsprechung nicht Schulgeld für eine Ersatzschule.[386] Müsste Schulgeld aus Einnahmen bestritten werden, die zur Sicherung des Existenzminimums der Familienmitglieder notwendig sind, würden Eltern von einem Privatschulbesuch ihrer Kinder regelmäßig absehen und wirkte das Schulgeld sondernd.

d) Dem Sonderungsverbot unterfallende Entgelte

Welche von Ersatzschulen erhobenen Entgelte dem Sonderungsverbot des Art. 7 Abs. 4 S. 3 GG unterfallen, ist ebenfalls nicht geklärt. Hierzu liegen kaum Gerichtsentscheidungen vor. Im Schrifttum ist die Frage, soweit sie erörtert wird, umstritten. Für die Internationalen Schulen ist die Frage relevant, weil sie neben dem als solchen betitelten „Schulgeld" für Unterricht und Lernmittel weitere Kostenbeiträge von Eltern erheben.

Es wird vertreten, dass nur Entgelte für Unterricht und Lernmittel dem Sonderungsverbot unterliegen.[387] Entgelte für sog. Sonder- und Profilleistungen der Ersatzschulen sowie andere Geldleistungen der Eltern seien nicht vom Sonderungsverbot erfasst.[388] Durch Erhebung solcher Entgelte könnten die Ersatzschulen daher die sog. Eigenleistung erwirtschaften, die neben Schulgeld für Unterricht und Lernmittel (in den Grenzen des Sonderungsverbotes) sowie der Finanzhilfe des Staates eine der drei Säulen der Ersatzschulfinanzierung ausmacht.[389] Nach anderer Ansicht soll „die Gesamtheit aller von den Eltern zu leistenden Beiträge" dem Sonderungsverbot unterliegen.[390]

---

[385] Im Ergebnis ebenso *Eisinger/Warndorf/Falterbaum/Feldt*, Grenzen der Belastbarkeit privater Haushalte mit Schulgeld, S. 88 ff.

[386] Näher unter E. II. 1.

[387] Zur Geltung des Sonderungsverbotes für Unterrichts- und Lernmittelentgelte statt aller StGH Baden-Württemberg, Urteil vom 06.07.2015 – 1 VB 130/13, Rn. 169 (juris); *Sydow/Dietzel*, RdJB 2014, 239 (246); *v. Pollern*, DÖV 2011, 680 (685).

[388] VGH Baden-Württemberg, Urteil vom 14.07.2010 – 9 S 2207/09, Rn. 52 (juris): „Klarstellend ist dabei darauf hinzuweisen, dass ‚Schulgeld' nur diejenigen Beiträge sind, die den Eltern zur Abgeltung des Unterrichts abverlangt werden. Darüber hinaus gehende Leistungen wie Verpflegung, Ganztagsbetreuung oder Internatsunterbringung sind hiervon nicht erfasst"; *v. Pollern*, DÖV 2011, 680 (685); *Sydow/Dietzel*, RdJB 2014, 239 (246).

[389] Vgl. nur BVerfGE 90, 107 (119 f.); 75, 40 (68); BVerfG, Beschluss vom 04.03.1997 – 1 BvL 26/96 u. a., Rn. 29, 32 (juris); BVerwG, Urteil vom 21.12.2011 – 6 C 18/10, BeckRS 2012, 46370 Rn. 28, 36 f.; SächsVerfGH, SächsVBl. 2014, 83 (91).

[390] *Wrase/Helbig*, NVwZ 2016, 1591 (1593).

Keiner dieser Standpunkte überzeugt.[391] Nach dem Zweck des Sonderungsverbotes ist es nicht entscheidend, ob Ersatzschulen Entgelte für Unterricht und Lernmittel oder für andere Angebote erheben. Maßgeblich ist vielmehr, ob Ersatzschulen den Zugang zur Schule (insbesondere: zum Unterricht) von einer Entgeltleistung der Eltern abhängig machen. Der nach Art. 7 Abs. 4 S. 3 GG unabhängig von den finanziellen Verhältnissen der Eltern zu gewährende Zugang zur Ersatzschule kann durch jedes Entgelt versperrt werden, das mit dem Schulbesuch obligatorisch verknüpft ist. Wenn und soweit der Schulbesuch von der Zahlung eines Entgelts abhängt, unterliegt das Entgelt dem Sonderungsverbot.

In diesem Sinne hat jüngst das VG Münster entschieden, dass ein am Sonderungsverbot zu messendes Schulgeld vorliegt, „wenn die Zahlungen pflichtweise abverlangt werden und ein zwangsläufiger Konnex zwischen Schulbesuch und Geldleistung besteht, sei es durch Verpflichtung im Beschulungsvertrag, einer automatischen Mitgliedschaft in einem Förderverein oder einer vergleichbaren Einrichtung mit Beitragspflicht“.[392]

Auch der Gesetzgeber in Baden-Württemberg hat geregelt, dass das Sonderungsverbot sowohl für Entgelte für Unterricht und Lernmittel (s. § 17 Abs. 2 S. 4 Privatschulgesetz) als auch für Entgelte für Sonder- und Profilleistungen gilt, deren Inanspruchnahme für die SchülerInnen und deren Eltern verpflichtend ist (arg. e. Ziff. 5 S. 6 Vollzugsverordnung zum Privatschulgesetz: „Entgelte für Sonder- und Profilleistungen, deren Inanspruchnahme für die Schüler und deren Eltern nicht verpflichtend ist, können unabhängig vom Schulgeld erhoben werden.“).

Dementsprechend gilt das Sonderungsverbot des Art. 7 Abs. 4 S. 3 GG nach hier für richtig befundener Auslegung nicht nur für Entgelte der Ersatzschulen für den (Pflichtschul-)Unterricht und Lernmittel (allgemeine Ansicht).[393] Es kommt auch zum Tragen für weitere Entgelte der Ersatzschulen für schulische und nicht schulische Angebote, wenn die Inanspruchnahme dieser Angebote mit dem Schulbesuch zwangsläufig verknüpft ist (z. B. Kostenbeitrag für verpflichtende Klassenfahrten, Mittagessen oder Nachmittagsbetreuung). Das Sonderungsverbot gilt dagegen nicht für Kostenbeiträge, die Ersatzschulen von Eltern für nicht schulische Angebote erheben, wenn deren Inanspruchnahme freiwillig, also nicht zwangsläufig mit dem Schulbesuch verbunden ist (z. B. Kostenbeitrag für freiwillige Teilnahme an Klassenfahrten, Mittagessen oder Nachmittagsbetreuung).[394]

---

[391] S. näher *Brosius-Gersdorf*, Das Sonderungsverbot für private Ersatzschulen, S. 76 ff.

[392] VG Münster, Urteil vom 27.02.2018 – 1 K 2023/16, BeckRS 2018, 4165 Rn. 21.

[393] So im Ergebnis die allgemeine Auffassung.

[394] Hierzu eingehend *Brosius-Gersdorf*, Das Sonderungsverbot für private Ersatzschulen, S. 76 ff.; s. auch *Brosius-Gersdorf*, NVwZ 2018, 761 (768 f.).

e) Ausnahme vom Sonderungsverbot bei Schulgeldübernahme durch ArbeitgeberIn?

Wie es sich auf das Sonderungsverbot des Art. 7 Abs. 4 S. 3 GG auswirkt, wenn wie im Fall der Internationalen Schulen ein Teil des Schulgeldes von den Arbeitgebern bzw. Arbeitgeberinnen der Eltern übernommen und von ihnen teils direkt an die Schulen gezahlt wird, ist nicht geklärt.

In diesen Fällen könnte das Sonderungsverbot keine Anwendung finden, weil es als Schutzprinzip zugunsten der SchülerInnen und Eltern nach seinem Telos nicht auf Verwirklichung drängen könnte, wenn Dritte (hier: der / die ArbeitgeberIn) das Schulgeld übernehmen.

Allerdings dürfte ein von dem / der ArbeitgeberIn übernommenes Schulgeld letztlich eine Einkommensersatzleistung sein, sodass es zum Einkommen der Eltern zu rechnen ist. Auch lässt sich aus der Übernahme des Schulgeldes durch den / die ArbeitgeberIn nicht in jedem Fall darauf schließen, dass sich die Eltern das Schulgeld leisten können; dies hängt von ihrem übrigen Einkommen sowie der Zahl der von ihnen zu versorgenden unterhaltsberechtigten Familienmitglieder ab.[395] Aus diesem Grund sprechen wohl die besseren Argumente dafür, dass das Sonderungsverbot auch in Fällen zur Anwendung kommt, in denen das Schulgeld von dem / der ArbeitgeberIn übernommen und an die Internationalen Schulen gezahlt wird. Es ist dann als Bestandteil des Einkommens der Eltern zu werten, nach dessen Höhe Hand in Hand mit der Familiengröße es sich bemisst, ob sich die Eltern das Schulgeld leisten können.

3. Bundesverfassungskonforme Auslegung der landesschulrechtlichen Bestimmungen zum Sonderungsverbot, zu Schulgeld und Gemeinnützigkeit

Im Lichte dieser abschließenden Vorgaben des Sonderungsverbotes des Art. 7 Abs. 4 S. 3 GG müssen die landesschulrechtlichen Regelungen zum Sonderungsverbot bundesverfassungskonform ausgelegt und angewendet werden.

a) Art. 92 Abs. 2 Nr. 3 i. V. m. Art. 96 BayEUG

Art. 92 Abs. 2 Nr. 3 BayEUG regelt im Grundsatz übereinstimmend mit Art. 7 Abs. 4 S. 3 GG, dass die Genehmigung für Ersatzschulen zu erteilen ist, wenn eine Sonderung der SchülerInnen nach den Besitzverhältnissen der Eltern nicht gefördert wird. Nach Art. 96 S. 1 BayEUG, auf den Art. 92 Abs. 2 Nr. 3 BayEUG verweist, gilt jedoch: Um eine Sonderung der SchülerInnen nach den Besitzverhältnissen der Eltern zu vermeiden, sind, soweit notwendig, von den Trägern der Privatschulen

---

[395] S. unter E. II. 2.

Erleichterungen bezüglich des Schulgeldes oder Beihilfen in einem Umfang zu gewähren, der es auch einer für die Größe der Schule angemessenen Zahl finanziell bedürftiger SchülerInnen ermöglicht, die Schule zu besuchen.

Die von Art. 96 S. 1 BayEUG geforderten Schulgeldermäßigungen oder Beihilfen in einem „für die Größe der Schule" angemessenen Umfang vertragen sich nicht mit den Vorgaben des Art. 7 Abs. 4 S. 3 GG. Nach dem verfassungsrechtlichen Sonderungsverbot kann (und muss) von den Ersatzschulen gefordert werden, das Schulgeld so festzusetzen, dass es sich jede Schülerin und jeder Schüler leisten kann. Es darf keinem Schüler und keiner Schülerin wegen der Besitzverhältnisse seiner / ihrer Eltern verwehrt sein, eine Ersatzschule zu besuchen.[396] Für wie viele SchülerInnen in welchem Umfang Schulgeld zu ermäßigen ist, hängt von den Einkommensverhältnissen der Eltern ab, deren Kinder die jeweilige Schule besuchen. Je nach dem Einzugsgebiet der Schule, ihrer Zielgruppe und der finanziellen Situation der Eltern kann eine Ermäßigung des Schulgeldes gar nicht oder für eine Vielzahl von Schülerinnen und Schülern geboten sein.[397]

Die „Größe der Schule" (s. Art. 96 S. 1 BayEUG) ist sub specie des verfassungsrechtlichen Sonderungsverbotes kein taugliches Kriterium für die Beurteilung der Angemessenheit von Schulgeld. Art. 96 S. 1 BayEUG ist daher entweder wegen Verstoßes gegen Art. 7 Abs. 4 S. 3 GG verfassungswidrig oder im Lichte des Art. 7 Abs. 4 S. 3 GG so auszulegen, dass von den Trägern der Privatschulen keine Erleichterungen bezüglich des Schulgeldes oder Beihilfen nach Maßgabe der Größe der Schule zu gewähren sind. Ermäßigungen des Schulgeldes sind nach Art. 7 Abs. 4 S. 3 GG nur geboten, wenn und soweit die Einkommensverhältnisse der Eltern der betreffenden Schule es erfordern. In diesem Sinne lässt sich auch Art. 132 BV deuten, wonach „für die Aufnahme eines Kindes in eine bestimmte Schule … seine Anlagen, seine Neigung, seine Leistung und seine innere Berufung maßgebend (sind), nicht aber die wirtschaftliche und gesellschaftliche Stellung der Eltern".

b) Grundsätze zum Schulgeld für private Grund- und Mittel- (bzw. Haupt-)schulen der Regierung von Oberbayern vom 12.04.2016

Die Bezirksregierung von Oberbayern hat „Grundsätze zum Schulgeld für private Grund- und Mittel- (bzw. Haupt-)schulen vom 12.04.2016" (Schulgeldgrundsätze) mit folgendem Inhalt erlassen:

- Einheitliches Schulgeld: Ein einheitliches Schulgeld kann bis zu einer Höhe von 300 € / Monat je SchülerIn als sozialverträglich angesehen werden.
- Alternativ: Einkommensabhängige Schulgeldstaffelung: Sie ist über den Höchstbetrag von 300 € hinaus nach dem Einkommen der Eltern möglich. Eine

---

[396] Näher oben E. I. und II.

[397] Vgl. *Brosius-Gersdorf*, NVwZ 2018, 761 (767).

Sozialverträglichkeit und ausreichend Plätze für einkommensschwächere Familien sind bei einer Staffelung nach folgenden Maßgaben und Quoten gegeben: Bis zu einem Jahresbruttoeinkommen von 40.000 € darf das Schulgeld max. 300 € / Monat betragen; mindestens 15 % der Schülerschaft muss aus dem unteren Einkommensbereich stammen (Jahresbruttoeinkommen bis 40.000 €); mindestens 30 % der Schülerschaft muss aus dem mittleren Einkommensbereich stammen (Jahresbruttoeinkommen von 40.000 € bis 75.000 €).

Nach den Schulgeldgrundsätzen ist sowohl bei einem einheitlichen Schulgeld als auch bei gestaffeltem Schulgeld zusätzlich ein ausreichendes Angebot an Freiplätzen und (Teil-)Stipendien notwendig.

Das Schulgeld soll dabei den Pflichtunterricht abdecken. Bei einem vorhandenen Ganztagsangebot könne der Eigenanteil des Schulträgers ggf. neben dem Schulgeld von Eltern erhoben werden, die das Ganztagsangebot in Anspruch nehmen. Zusätzliche außerunterrichtliche Leistungen wie Verpflegung, Kurse, außerunterrichtliche Betreuung, Schülerbeförderung sind nach den Schulgeldgrundsätzen keine Bestandteile des Schulgeldes. Etwaige Aufnahmegebühren würden anteilig auf das monatliche Schulgeld (als Höchstsatz oder gestaffelt) angerechnet. Erhöhungen des Schulgeldes oberhalb der Höchstbeträge seien nur entsprechend dem jährlichen Verbraucherpreisindex für Bayern zulässig.

Ungeachtet dessen, dass diese Schulgeldgrundsätze lediglich Verwaltungsvorschriften darstellen, steht ihre Wirksamkeit unter dem Vorbehalt der Vereinbarkeit mit Verfassungsrecht. Im Lichte des Sonderungsverbotes des Art. 7 Abs. 4 S. 3 GG gilt:

- Die Deckelung eines einheitlichen Schulgeldes auf maximal 300 € / Monat je SchülerIn ist verfassungswidrig; die Ersatzschulen dürfen ein (deutlich) höheres Schulgeld erheben, wenn sie ausreichend Ermäßigungen für einkommensschwache Eltern vorsehen. Umgekehrt ist ein Schulgeld von 300 € / Monat nicht für alle Eltern zahlbar.
- Auch eine einkommensabhängige Schulgeldstaffelung über den Höchstbetrag von 300 € / Monat hinaus ist nach Art. 7 Abs. 4 S. 3 GG (nur) möglich, wenn die Staffelung sicherstellt, dass sich alle Eltern nach ihren Einkommensverhältnissen das Schulgeld leisten können. Die in den „Schulgeldgrundsätzen" der Bezirksregierung von Oberbayern vorgesehene Staffelung lässt zum einen die Familiengröße außer Acht; ob sich Eltern Schulgeld leisten können, bemisst sich nicht nur nach der Höhe ihres Einkommens, sondern auch nach der Zahl der zu versorgenden Familienmitglieder. Zum anderen sind die Quoten (mindestens 15 % der Schülerschaft muss aus dem unteren Einkommensbereich (Jahresbruttoeinkommen bis 40.000 €) kommen; mindestens 30 % der Schülerschaft muss aus dem mittleren Einkommensbereich (Jahresbruttoeinkommen von 40.000 € bis 75.000 €) stammen) mit Art. 7 Abs. 4 S. 3 GG unvereinbar. Um das Sonderungsverbot zu wahren, sind die Ersatzschulen nicht zu einer bestimmten sozialen Zusammensetzung ihrer Schülerschaft verpflichtet, sondern müssen (nur) si-

cherstellen, dass sich die Eltern aller SchülerInnen das Schulgeld nach ihren Besitzverhältnissen leisten können.[398]

- Mit Art. 7 Abs. 4 S. 3 GG unvereinbar ist auch die Forderung der Bezirksregierung von Oberbayern, dass sowohl bei einem einheitlichen Schulgeld als auch bei gestaffeltem Schulgeld zusätzlich ein ausreichendes Angebot an Freiplätzen und (Teil-)Stipendien notwendig sei.
- Bei einem vorhandenen Ganztagsangebot darf der Eigenanteil des Schulträgers nach Art. 7 Abs. 4 S. 3 GG nur dann zusätzlich zum Schulgeld erhoben werden, wenn sich entweder die Eltern diese zusätzliche Belastung leisten können oder wenn die Entgelte für freiwillige nicht schulische (Ganztags-)Angebote erhoben werden.
  Entsprechend sind Entgelte für „zusätzliche außerunterrichtliche Leistungen (z. B. Verpflegung, Kurse, außerunterrichtliche Betreuung, Schülerbeförderung)" von Verfassungs wegen nur dann nicht Bestandteil des Schulgeldes und unterliegen daher nicht dem Sonderungsverbot (Art. 7 Abs. 4 S. 3 GG), wenn es sich weder um Entgelte für schulische Angebote (Art. 7 Abs. 1 und 4 GG) noch um Entgelte für verpflichtende nicht schulische Angebote handelt. Das Sonderungsverbot gilt nur nicht für Kostenbeiträge, die Ersatzschulen von Eltern für nicht schulische Angebote erheben, deren Inanspruchnahme freiwillig, also nicht zwangsläufig mit dem Schulbesuch verknüpft ist.[399]
- Eine Begrenzung von Schulgelderhöhungen auf den jährlichen Verbraucherpreisindex für Bayern ist mit Art. 7 Abs. 4 S. 3 GG unvereinbar. In welcher Höhe Schulgeld erhoben und erhöht werden darf, richtet sich gem. Art. 7 Abs. 4 S. 3 GG nicht nach einem Verbraucherpreisindex, sondern nach den Einkommensverhältnissen der Elternschaft der Schule. Wenn und soweit die Einkommensverhältnisse der Eltern es erlauben, darf die Ersatzschule Schulgeld erheben und erhöhen. Umgekehrt gilt: Die Erhebung und Erhöhung von Schulgeld ist unzulässig, wenn sich Eltern deren Zahlung nach ihren individuellen Einkommensverhältnissen nicht leisten können.

c) Gemeinnützigkeit als Voraussetzung für Finanzhilfe (Art. 29 BaySchFG)

Gem. Art. 29 Abs. 2 S. 1 BaySchFG erhalten staatliche Förderung nur Ersatzschulen, die auf gemeinnütziger Grundlage wirken. Das Bayerische Schulfinanzierungsgesetz setzt damit auf der steuerrechtlichen Gemeinnützigkeit nach § 52 Abgabenordnung (AO) auf und beschränkt die Finanzhilfe auf gemeinnützige Schulträger.

---

[398] Hierzu eingehend *Brosius-Gersdorf*, Das Sonderungsverbot für private Ersatzschulen, S. 46 ff.; *Brosius-Gersdorf*, NVwZ 2018, 761 (764 ff.).

[399] S. unter E. II. 2. d).

Ungeachtet der Frage, ob das finanzhilferechtliche Gemeinnützigkeitserfordernis im Bayerischen Landesschulrecht mit dem Grundrecht der Privatschulfreiheit aus Art. 7 Abs. 4 S. 1 GG in Einklang steht, darf der Freistaat über das Vehikel der Gemeinnützigkeit nicht von dem verfassungsrechtlichen Sonderungsverbot abweichende Vorgaben für Schulgeld „erzwingen“, die Art. 7 Abs. 4 S. 3 GG nicht fordert. Das Grundgesetz legt die Anforderungen an die Erhebung von Schulgeld in Art. 7 Abs. 4 S. 3 GG abschließend und verbindlich fest. Hieran ist sowohl der Landesgesetzgeber bei der Regelung des Landesschulrechtes als auch der Bundesgesetzgeber bei der steuerrechtlichen Regelung von Gemeinnützigkeitstatbeständen (s. etwa § 52 AO, § 5 Abs. 1 Nr. 9 KStG, § 3 Nr. 6 GewStG, § 3 Abs. 1 Nr. 12 VStG) gebunden.

4. Fazit für das Schulgeld der Internationalen Schulen

Diesen verfassungsrechtlichen Maßgaben des Sonderungsverbotes des Art. 7 Abs. 4 S. 3 GG muss das Schulgeld Internationaler Schulen bei einer Genehmigung als Ersatzschule entsprechen. Verletzungen des Sonderungsverbotes können ggf. zur Versagung bzw. Aufhebung der Ersatzschulgenehmigung führen.[400]

III. Finanzhilfe des Freistaates Bayern

Die Länder trifft nach ständiger Rechtsprechung des Bundesverfassungsgerichtes die Verpflichtung, Ersatzschulen durch Finanzhilfe zu fördern, wobei der Umfang der Förderung nicht geklärt ist. Im Lichte des Fördergebotes nach Art. 7 Abs. 4 GG sind die landesrechtlichen Finanzhilfevorschriften auszulegen und anzuwenden (s. Ziff. 1.). Das hat Konsequenzen für die Förderung der Internationalen Schulen durch den Freistaat Bayern (s. Ziff. 2.).

1. Finanzhilfepflicht gegenüber Ersatzschulen

a) Rechtsprechung zur Finanzhilfepflicht des Staates

Das Grundrecht der Privatschulfreiheit aus Art. 7 Abs. 4 S. 1 GG beinhaltet nach ständiger Rechtsprechung des Bundesverfassungsgerichtes ein an die Länder

---

[400] Zu der umstrittenen Frage, welche Rechtsfolgen eine Verletzung des Sonderungsverbotes nach sich zieht, s. einerseits BVerfGE 75, 40 (64) und *Brosius-Gersdorf*, Das Sonderungsverbot für private Ersatzschulen, S. 20 ff.: Versagung bzw. Aufhebung der Ersatzschulgenehmigung; andererseits *Sachs*, NWVBl. 2018, 441 ff.: Kein Verbot der Genehmigung sonderungsbefördernder Ersatzschulen.

adressiertes Gebot, das private Ersatzschulwesen zu fördern.[401] Der Staat darf sich „nicht darauf zurückziehen, die Tätigkeit der privaten Ersatzschulen lediglich zuzulassen“[402], sondern muss ihnen finanzielle Unterstützung gewähren. Begünstigte sind sämtliche Ersatzschulen (Art. 7 Abs. 4 S. 2 GG), denen der Staat eine Genehmigung erteilt hat (Art. 7 Abs. 4 S. 3 und 4 GG).[403]

Der Grund für das verfassungsrechtliche Fördergebot sind die hohen Genehmigungshürden, die das Grundgesetz (Art. 7 Abs. 4 S. 3 und 4 GG) für die Gründung und den Betrieb von Ersatzschulen errichtet. Schulen in freier Trägerschaft sind, um die Genehmigungsvoraussetzungen erfüllen zu können, auf Finanzhilfe des Staates zwingend angewiesen. Das Bundesverfassungsgericht formuliert pointiert, dass die verfassungsrechtliche Förderpflicht „ihren Grund im regelmäßig bestehenden Unvermögen der privaten Schulträger (hat), aus eigener Kraft sämtliche Anforderungen des Grundgesetzes (Art. 7 Abs. 4 Satz 3 und 4 GG) für die Genehmigung der Schule gleichzeitig und auf Dauer zu erfüllen.“[404] Die verfassungsrechtliche Förderpflicht des Staates beruht „auf der mangelnden tatsächlichen Wahrnehmungsmöglichkeit des Freiheitsrechts unter gleichzeitiger Erfüllung aller Genehmigungsbedingungen, also im wesentlichen auf der Unmöglichkeit einer Selbstfinanzierung privater Ersatzschulen“.[405] „Soll Art. 7 Abs. 4 Satz 1 GG nicht zu einem wertlosen Individualgrundrecht auf Gründung existenzunfähiger Ersatzschulen und zu einer nutzlosen institutionellen Garantie verkümmern, so muß diese Verfassungsnorm zugleich als eine Verpflichtung des Gesetzgebers verstanden werden, die privaten Ersatzschulen zu schützen und zu fördern.“[406] „Soll die Privatschulfreiheit nicht leerlaufen, schuldet der Staat deshalb einen Ausgleich für die vom Grundgesetz errichteten Hürden.“[407]

Ob und unter welchen Bedingungen dieser Finanzhilfepflicht des Landes ein verfassungsunmittelbarer subjektiver Finanzhilfeanspruch des einzelnen Schulträgers korrespondiert,[408] ist ebenso ungeklärt wie die verfassungsunmittelbare Höhe des Finanzhilfeanspruches. Nach der Rechtsprechung des Bundesverfassungsge-

---

[401] BVerfGE 75, 40 (62); 90, 107 (115); 112, 74 (83); BVerfG, Beschluss vom 04.03.1997 – 1 BvL 26/96 u. a., Rn. 29 (juris) – ständige Rechtsprechung; s. auch BVerwGE 79, 154 (155 f.); VerfG Bbg, Urteil vom 12.12.2014 – 31/12, Rn. 112 (juris); aus dem Schrifttum statt aller *Brosius-Gersdorf*, in: Dreier, Grundgesetz, Art. 7 Rn. 108.

[402] BVerfGE 75, 40 (63).

[403] Näher *Brosius-Gersdorf*, DÖV 2017, 881 (885).

[404] BVerfGE 90, 128 (138); vgl. auch BVerfGE 75, 40 (62); 90, 107 (115).

[405] BVerfGE 75, 40 (67).

[406] BVerfGE 75, 40 (65).

[407] BVerfGE 90, 107 (115). Ob ein weiterer Grund für die Förderpflicht des Staates gegenüber genehmigten Ersatzschulen darin liegt, dass den Schulen eine „Ersatzfunktion“ gegenüber öffentlichen Schulen zukommt und sie dem Staat finanzielle Aufwendungen für öffentliche Schulen ersparen, hat das Bundesverfassungsgericht bislang offengelassen – hierzu näher *Brosius-Gersdorf*, R&B 1/2016, 2 (10).

[408] Dagegen wohl BVerfGE 90, 107 (117); 112, 74 (84). Etwas anderes gilt aber, wenn ohne staatliche Förderung „der Bestand des Ersatzschulwesens als Institution evident gefährdet wäre“, vgl. BVerfGE 75, 40 (67); 90, 107 (117); 112, 74 (84).

richtes sind die Länder gem. Art. 7 Abs. 4 GG „nur verpflichtet, einen Beitrag bis zur Höhe des Existenzminimums der Institution Ersatzschulwesen zu leisten".[409] Hieran haben in jüngerer Zeit zu Recht einige Landesverfassungsgerichte Kritik geübt.[410]

Hinsichtlich der Finanzhilfehöhe für Ersatzschulen dürfen sich die Länder dabei an den Kosten des öffentlichen Schulwesens orientieren.[411] Die Ersatzschulen können nach Ansicht der Gerichte nicht beanspruchen, „eine bessere Ausstattung als vergleichbare öffentliche Schulen zu erhalten".[412]

Auch muss der Finanzhilfebedarf der Ersatzschulen nicht allein aus staatlichen Mitteln gedeckt werden, sondern die Länder dürften bei der Festlegung des Niveaus der Finanzhilfe in Rechnung stellen, dass die Finanzierung der Ersatzschulen auf drei Säulen beruht (Drei-Säulen-Modell): staatlicher Finanzhilfe; nach Art. 7 Abs. 4 S. 3 GG zulässigem Schulgeld; und zumindest während der „Gründungsphase" der Ersatzschule einer von ihr zu erbringenden sog. Eigenleistung.[413]

b) Kritik und Weiterentwicklung

Die Aussage des Bundesverfassungsgerichtes zur Verpflichtung der Länder, lediglich „einen Beitrag bis zur Höhe des Existenzminimums der Institution Ersatzschulwesen" leisten zu müssen,[414] ist von Landesverfassungsgerichten zu Recht kritisch betrachtet worden. Sie muss im Lichte der ratio des verfassungsrechtlichen Fördergebotes so gedeutet werden, dass das „Existenzminimum der Institution Ersatzschulwesen" der existenzsichernde Betrag ist, den die einzelne Ersatzschule zur Erfüllung der Genehmigungsvoraussetzungen des Art. 7 Abs. 4 S. 3 und 4 GG be-

---

[409] BVerfGE 75, 40 (68); BVerfG, Beschluss vom 04.03.1997 – 1 BvL 26/96 u. a., Rn. 29 (juris). Kritisch gegenüber dieser Rechtsprechung *Brosius-Gersdorf*, in: Dreier, Grundgesetz, Art. 7 Rn. 109 f.

[410] S. sogleich E. III. 1. b).

[411] BVerfGE 75, 40 (68); 90, 107 (116); 90, 128 (139); BVerwG, Urteil vom 21.12.2011 – 6 C 18/10, BeckRS 2012, 46370 Rn. 20, 22; VerfG Meckl.-Vorp., DVBl. 2001, 1753 (1756); VGH Baden-Württemberg, Urteil vom 11.04.2013 – 9 S 233/12, Rn. 40 f. (juris); aus dem Schrifttum ebenso *Wißmann*, in: Kahl/Waldhoff/Walter, Bonner Kommentar zum Grundgesetz, Art. 7 Rn. 231.

[412] BVerfGE 75, 40 (68); 90, 107 (116); 90, 128 (139); VerfG Meckl.-Vorp., DVBl. 2001, 1753 (1756).

[413] Zum Drei-Säulen-Modell s. nur ThürVerfGH, ThürVBl. 2015, 7 (13); SächsVerfGH, SächsVBl. 2014, 83 (91). Zur Zulässigkeit der Berücksichtigung einer Eigenleistung der Ersatzschulen bei der Berechnung des Finanzhilfebedarfs auch BVerfGE 75, 40 (68); 90, 107 (119 f.); BVerfG, Beschluss vom 04.03.1997 – 1 BvL 26/96 u. a., Rn. 29, 32 (juris); BVerwG, Urteil vom 21.12.2011 – 6 C 18/10, BeckRS 2012, 46370 Rn. 28, 36 f.; VerfG Bbg, Urteil vom 12.12.2014 – 31/12, Rn. 115 (juris); VGH Baden-Württemberg, Urteil vom 11.04.2013 – 9 S 233/12, Rn. 46 (juris).

[414] S. oben bei und in Fn. 409.

nötigt.[415] Da Art. 7 Abs. 4 S. 1 GG das Grundrecht auf Errichtung und Betrieb einer Ersatzschule gewährleistet und das grundgesetzliche Fördergebot des Art. 7 Abs. 4 GG dem Unvermögen privater Schulen geschuldet ist, die Anforderungen an die Genehmigung als Ersatzschule aus eigener Kraft zu erfüllen,[416] muss die Finanzhilfe die einzelne Ersatzschule in den Stand versetzen, die Genehmigungsbedingungen zu erfüllen.

Hinsichtlich der Höhe der Finanzhilfe dürfen sich die Länder zwar grundsätzlich an den Kosten öffentlicher Schulen orientieren. Erfordern das Konzept und Profil einer Ersatzschule jedoch (bei wirtschaftlicher Betriebsführung) höhere Kosten als eine öffentliche Schule, muss die Finanzhilfe diese höheren Kosten decken. Es gehört zum Kern der durch Art. 7 Abs. 4 S. 1 GG garantierten Freiheit der privaten Schulen, von den öffentlichen Schulen abweichende Schulprofile und -konzepte zu verwirklichen, solange die Gleichwertigkeit des Bildungserfolges gewährleistet ist. Diese Autonomie der Privatschulen wäre gefährdet, wenn die Ersatzschulen nur über diejenigen finanziellen Mittel verfügten, die auch öffentlichen Schulen zur Verfügung stehen. Die Ersatzschulen können daher sehr wohl beanspruchen, „eine bessere Ausstattung als vergleichbare öffentliche Schulen zu erhalten“,[417] wenn dies zur Finanzierung ihres Schulprofils erforderlich ist.[418]

Zu den vom Land zu berücksichtigenden Kosten der Ersatzschulen gehören – auch nach Ansicht des Bundesverfassungsgerichtes – neben den laufenden Personal- und Sachkosten die Kosten für die Beschaffung und Ausstattung der Schulräume.[419]

Der Finanzhilfebedarf der Ersatzschulen muss dabei nicht allein aus staatlichen Mitteln gedeckt werden, sondern die Länder dürfen bei der Berechnung der Finanzhilfe in Rechnung stellen, dass die Ersatzschulen Schulgeld erheben und eine (weitere) Eigenleistung erbringen können (Drei-Säulen-Modell). Gemeinsam müssen die drei Säulen Finanzhilfe, Schulgeld und Eigenleistung aber die gesamten Kosten der Gründung und des Betriebs der Ersatzschule decken (Auskömmlichkeit der Finanzierung).[420] Aus diesem Grund besteht zwischen der Finanzhilfe des Landes einerseits sowie dem Schulgeld und der Eigenleistung des Schulträgers andererseits ein korrelativer Zusammenhang, eine Art Waterbed-Effekt. Je höher das Schulgeld und die Eigenleistung ausfallen, desto geringer muss die Finanzhilfe sein. Umge-

[415] So auch ThürVerfGH, ThürVBl. 2015, 7 (11 f.); VerfG Meckl.-Vorp., DVBl. 2001, 1753 (1756); VerfG Bbg, Urteil vom 12. 12. 2014 – 31/12, Rn. 135 (juris); VGH Baden-Württemberg, Urteil vom 11. 04. 2013 – 9 S 233/12, Rn. 40 (juris); *Brosius-Gersdorf*, RdJB 2017, 351 (361).

[416] S. oben bei und in Fn. 404.

[417] Vgl. aber bei und in Fn. 412.

[418] Näher *Brosius-Gersdorf*, Das Sonderungsverbot für private Ersatzschulen, S. 105 f.; ebenso *Vogel*, R&B 1/2017, 2 (3).

[419] BVerfGE 90, 128 (141 ff.) mit der Schlussfolgerung, dass eine Differenzierung zwischen Einrichtungskosten und laufenden Unterhaltungskosten der Schulen mit Art. 7 Abs. 4 GG unvereinbar sei; vgl. ebenso bezogen auf Art. 102 Abs. 3 SächsVerf SächsVerfGH, SächsVBl. 2014, 83 (91 f.).

[420] Vgl. ThürVerfGH, ThürVBl. 2015, 7 (13).

kehrt muss das Land Schulträgern mit niedrigen Schulgeldeinnahmen und einer geringen erwirtschaftbaren Eigenleistung höhere Zuschüsse gewähren. Für die Finanzhilfe gilt daher von Verfassungs wegen ein auf die einzelnen Ersatzschulen bezogenes Differenzierungsgebot.

Soweit die Bestimmungen des Bayerischen Schulfinanzierungsgesetzes über die Finanzhilfe für Ersatzschulen (s. Art. 28 ff. BaySchFG) hiervon abweichen, sind sie im Lichte des Art. 7 Abs. 4 GG bundesverfassungskonform auszulegen.

2. Konsequenzen für die Finanzhilfe für Internationale Schulen

Für die Internationalen Schulen, soweit sie als Ersatzschulen genehmigt sind, folgt daraus:

Der Freistaat Bayern ist gem. Art. 7 Abs. 4 GG i. V. m. Art. 28 ff. BaySchFG und der Verordnung zur Ausführung des Bayerischen Schulfinanzierungsgesetzes (Ausführungsverordnung Schulfinanzierungsgesetz – AVBaySchFG) verpflichtet, als Ersatzschulen genehmigte Internationale Schulen durch Finanzhilfe zu fördern. Die Förderpflicht erstreckt sich auf sämtliche Jahrgangsstufen, in denen die Internationalen Schulen als Ersatzschulen genehmigt sind. Der Munich International School steht unter den Voraussetzungen des Art. 7 Abs. 4 S. 3 und 4 GG ein Anspruch auf Genehmigung sämtlicher Jahrgangsstufen als Ersatzschule zu, d. h. auch der bislang nicht genehmigten Jahrgangsstufen 10 bis 12.[421]

Gemeinsam mit einem (nach Art. 7 Abs. 4 S. 3 GG zulässigerweise erhobenen) Schulgeld sowie einem angemessenen (zur Wahrung des Bestimmtheitsgebotes gesetzlich zu regelnden) Eigenanteil muss die Finanzhilfe die gesamten Kosten der jeweiligen Internationalen Schule einschließlich der Kosten für ihr spezifisches Schulprofil bei wirtschaftlicher Betriebsführung decken. Erfordert das Konzept der Internationalen Schulen (bei wirtschaftlicher Betriebsführung) höhere Kosten als vergleichbare öffentliche Schulen, muss die Finanzhilfe – gemeinsam mit Schulgeld und Eigenanteil – diese höheren Kosten decken.

Zu den Kosten der Internationalen Schulen, die zur Verwirklichung ihres besonderen schulischen Konzepts und Profils[422] notwendig sind, gehören neben den üblichen Kosten für die Beschaffung und Ausstattung der Schulräume sowie laufenden Personal- und Sachkosten insbesondere:

- Kosten für akademisch hochqualifizierte, international ausgebildete Lehrkräfte;
- Kosten für Verwaltungs- und Betreuungspersonal (z. B. für die Integration der aus dem Ausland kommenden Kinder und Eltern);

[421] Näher unter D.

[422] Zu dem besonderen Profil der Internationalen Schulen s. oben A. I.

- Kosten für Hörsäle, Bibliotheken, naturwissenschaftlich-technische Labore, Sprachcenter, Kunst- und Musikräume sowie Sportanlagen;
- Kosten für Sicherheitsvorrichtungen (z.B. Zäune, Kameras, Hauptpforte mit Zugangskontrolle), die der besonderen Schüler- und Elternklientel geschuldet sind.

Diese und sämtliche weiteren Kosten der Internationalen Schulen, die zur Verwirklichung ihres besonderen Profils (bei wirtschaftlicher Betriebsführung) erforderlich sind, muss der Freistaat Bayern durch Finanzhilfe decken. In Abzug bringen darf er das von den Internationalen Schulen (zulässigerweise) erhobene Schulgeld sowie einen angemessenen Eigenanteil der Schulen, der aus Gründen der Bestimmtheit (Art. 20 Abs. 3 GG) zu regeln ist.

F. Ergebnisse

I. Landesschulrechtlicher Status Internationaler Schulen

(1) Der schulrechtliche Status Internationaler Schulen ist im Freistaat Bayern nicht ausdrücklich geregelt. Für Internationale Schulen gelten Art. 90 ff. BayEUG, die zwischen Ersatz- und Ergänzungsschulen differenzieren. Hiervon unterscheidet sich die Rechtslage in anderen Bundesländern, die Internationale Schulen teils explizit als Ersatzschulen, als (einfache) Ergänzungsschulen oder als anerkannte Ergänzungsschulen qualifizieren.

II. Verfassungsrechtlicher Rahmen für Internationale Schulen

1. Verfassungsrechtliche Zweiteilung des Privatschulwesens

(2) Art. 7 Abs. 4 GG beruht auf einer Zweiteilung des Privatschulwesens in Ersatzschulen (Satz 2) und Ergänzungsschulen (Satz 1). Ersatzschulen unterliegen im Gegensatz zu Ergänzungsschulen einer Genehmigungspflicht (Art. 7 Abs. 4 S. 2 GG), haben bei Vorliegen der Voraussetzungen (Art. 7 Abs. 4 S. 3 und 4 GG; für Grundschulen zusätzlich: Art. 7 Abs. 5 GG) Anspruch auf Genehmigung, dürfen schulpflichtige SchülerInnen aufnehmen und erhalten Finanzhilfe vom Staat. Die Befugnis zur Vergabe öffentlicher Berechtigungen mit Außenwirkung (Zeugnisse, Abschlüsse) ist dem Ersatzschulstatus nicht inhärent; hierfür dürfen die Länder eine staatliche Anerkennung verlangen.

2. Verfassungsbegriff der Schule (Art. 7 Abs. 1 und 4 GG)

(3) Ersatz- und Ergänzungsschulen sind auf den Bereich der Schule i. S. d. Art. 7 Abs. 1 und 4 GG begrenzt. Der Begriff „Schule“ im Verfassungssinne ist umstritten. Überwiegend vertreten wird ein organisatorisch-formaler Schulbegriff (*Heckel*).

(4) Auf der Grundlage dieses Schulbegriffes erfüllt das Bildungsangebot der Internationalen Schulen (hier: Munich International School) in den Bereichen Grund-, Mittel- und Oberschule die Merkmale des Verfassungsbegriffes der Schule i. S. d. Art. 7 Abs. 1 und 4 GG. Schule ist bei offenen (Grundschule) und gebundenen (Mittel- und Oberschule) Ganztagsangeboten nicht nur der vormittägliche Unterricht, sondern auch das Angebot am Nachmittag.

(5) Der zweijährige Kindergarten / Vorschule (Early Childhood) ist auf der Grundlage des formal-organisatorischen Schulbegriffes nicht Schule i. S. d. Art. 7 Abs. 1 und 4 GG, sondern Kindertageseinrichtung nach § 45 SGB VIII.

(6) Das fakultative Nachmittagsangebot (After School Activities, Athletics und After School Care) der Internationalen Schulen zählt nicht zum Bereich der Schule im Verfassungssinne.

3. Verfassungsbegriff der Ersatzschule in Abgrenzung zur Ergänzungsschule (Art. 7 Abs. 4 S. 2 GG)

a) Stand in Rechtsprechung und Schrifttum

(7) Der Begriff der Ersatzschule ist in Art. 7 Abs. 4 S. 2 GG abschließend geregelt. Ersatzschulen werden definiert als „Privatschulen, die nach dem mit ihrer Errichtung verfolgten Gesamtzweck als Ersatz für eine in dem Land vorhandene oder grundsätzlich vorgesehene öffentliche Schule dienen sollen“ (BVerfG). Sie unterscheiden sich von Ergänzungsschulen, für die vergleichbare öffentliche Schulen in der Regel nicht bestehen und die daher staatliche Schulangebote nicht ersetzen können. Ersatzschulen sind insoweit akzessorisch zum öffentlichen Schulwesen, als der Landesgesetzgeber die öffentlichen Schulen im Land bestimmen darf, für die freie Schulen Ersatz sein können.

(8) Im Hinblick auf welche Merkmale und nach welchem Maßstab freie Schulen Ersatz für öffentliche Schulen sein müssen, ist umstritten. Nach einem organisatorisch-formalen Ansatz (Rechtsprechung) müssen private Ersatzschulen öffentlichen Schulen im Hinblick auf die Schulart sowie die Art und Dauer des Bildungsganges entsprechen. Es gelte keine strenge Akzessorietät. Auch sei für die Ersatzschuleigenschaft letztlich eine Entsprechung hinsichtlich der zum Ende des Bildungsganges vermittelten Kenntnisse und Fähigkeiten sowie Qualifikationen ausreichend. Nach einem materiell-funktionalen Ansatz (Schrifttum) müssen private Ersatzschulen öffentlichen Schulen im Hinblick auf den Inhalt der Bildungsgänge und die Abschlüsse entsprechen. Als Maßstab für den Akzessorietätstest wird teilweise Gleichartigkeit, teilweise Gleichwertigkeit gefordert.

b) Präzisierung und Weiterentwicklung des Ersatzschulbegriffes

aa) Materiell-funktionaler Ersatzschulbegriff mit Gleichwertigkeitstest

(9) Bei zutreffendem Verfassungsverständnis sind Ersatzschulen i. S. d. Art. 7 Abs. 4 S. 2 GG private Schulen, die inhaltlich einen gleichwertigen Bildungsgang und Abschluss anstreben wie öffentliche Schulen im Land. Es gilt ein materiell-funktionaler Ersatzschulbegriff mit Gleichwertigkeitsmaßstab. Hierfür spricht *erstens* das Grundrecht der Privatschulfreiheit (Art. 7 Abs. 4 S. 1 GG), das die Freiheit zur Gestaltung des inneren und äußeren Schulbetriebes gewährleistet. *Zweitens* stünden ein formal-organisatorischer Ersatzschulbegriff und Gleichartigkeit als Maßstab für den Akzessorietätstest im Wertungswiderspruch zu den Genehmigungsvoraussetzungen des Art. 7 Abs. 4 S. 3 und 4 GG. Für deren Erfüllung kommt es nach ständiger Rechtsprechung (nur) darauf an, dass freie Schulen zum Ende des Bildungsganges im Sinne eines Gesamtergebnisses im Kern gleichwertige Kenntnisse und Fertigkeiten vermitteln wie öffentliche Schulen. Es kann daher für den systematisch vorgelagerten Ersatzschulbegriff (Art. 7 Abs. 4 S. 2 GG) ebenfalls nur

darauf ankommen, dass die private Schule einen Bildungsgang anbietet, der im Ergebnis gleiche Kenntnisse und Fertigkeiten vermittelt wie öffentliche Schulen. Maßgeblich für die Ersatzschuleigenschaft ist die Gleichwertigkeit der zum Ende des Bildungsganges vermittelten Inhalte und Abschlüsse. *Drittens* legt der Zweck des Privatschulgrundrechtes (Art. 7 Abs. 4 S. 1 GG), für Pluralismus und Innovationsfreudigkeit im Schulwesen zu sorgen, den materiell-funktionalen Ersatzschulbegriff mit Gleichwertigkeitstest nahe.

bb) Vergleichsobjekt des öffentlichen Schulwesens

(10) Vergleichsobjekt sind öffentliche Schulen des Bundeslandes, in dem die Schule in freier Trägerschaft ihren Sitz hat. In Betracht kommen sämtliche öffentlichen Schulen, die vergleichbare Bildungsgänge und Abschlüsse anbieten.

(11) Die öffentlichen Vergleichsschulen müssen im Landesrecht vorgesehen sein; ob sie tatsächlich errichtet sind und betrieben werden, ist irrelevant.

(12) Private Schulen können auch dann Ersatzschulen sein, wenn der Gesetzgeber bestimmte Bildungsgänge und Abschlüsse vorsieht, die freie Schulen anbieten. Das gilt auch, wenn das Land auf den Betrieb eigener öffentlicher Schulen mit entsprechenden Bildungsgängen und Abschlüssen verzichtet.

cc) Vergleichsmerkmale

(a) Inhalt des Bildungsganges und Abschlusses

(13) Maßgeblich für den Vergleich mit öffentlichen Schulen ist, ob Schulen in freier Trägerschaft inhaltlich gleichwertige Bildungsgänge und Abschlüsse anbieten. Es muss am Ende des Bildungsganges das Niveau des Bildungsprogrammes der öffentlichen Schulen im Sinne eines Gesamtergebnisses erreicht werden können. Dabei gilt:

- Private weiterführende Schulen (Mittel- und Oberschule), die zu Abschlüssen führen, müssen gleichwertige Abschlüsse anbieten wie öffentliche weiterführende Schulen.
- Private weiterführende Schulen (Mittel- und Oberschule), die auf Abschlüsse staatlicher Schulen vorbereiten (NichtschülerInnenprüfung), müssen zum Ende des Bildungsganges gleichwertige Kenntnisse und Fähigkeiten anstreben wie öffentliche weiterführende Schulen.
- Private Grundschulen ohne Abschlüsse müssen zum Ende ihres Bildungsganges gleichwertige Kenntnisse und Fähigkeiten vorsehen wie öffentliche Grundschulen.

(14) Keine Merkmale des Ersatzschulbegriffes des Art. 7 Abs. 4 S. 2 GG sind die formale Identität des Bildungsganges (Schulart) und Abschlusses, der Lehrpläne und Stundentafeln sowie der Lehr- und Erziehungsmethoden. Abweichungen bei der Dauer des Bildungsganges sind zulässig, solange die Vergleichbarkeit der Bildungsergebnisse gewahrt ist.

(b) Unterrichtssprache

(15) Zu den konstitutiven Merkmalen des Ersatzschulbegriffes gehört die Unterrichtssprache. Im Freistaat Bayern wird an öffentlichen Schulen grundsätzlich die Unterrichtssprache Deutsch verwendet, sodass freie Ersatzschulen eine gleichwertige Unterrichtssprache vorsehen müssen.

(c) Wissenschaftliche Ausbildung der Lehrkräfte (Herkunft, Sprache)

(16) Der Erwerb einer wissenschaftlichen Lehramtsausbildung in Deutschland ist kein konstitutives Merkmal des öffentlichen Schulsystems in Bayern. Es kann auch eine wissenschaftliche Lehramtsausbildung aus einem anderen Mitgliedstaat der Europäischen Union, einem Vertragsstaat des Europäischen Wirtschaftsraumes oder der Schweiz als Lehramtsbefähigung anerkannt werden (Art. 7 Abs. 2 und 4 BayLBG i. V. m. der EG-Richtlinienverordnung für Lehrer). Ein Lehrer-Diplom oder eine Lehramtsbefähigung aus einem anderen Drittstaat genügt nicht. Die „Herkunft" der Lehramtsausbildung mag daher insofern konstitutiv sein für die allgemeinbildenden Bildungsgänge an öffentlichen Schulen, als die Ausbildung nicht in einem solchen Drittstaat absolviert worden sein darf. Lehrkräfte an freien Ersatzschulen müssen aber keine gleichartige, sondern nur eine gleichwertige wissenschaftliche Ausbildung haben wie Lehrkräfte an öffentlichen Schulen. Der Einsatz von Lehrkräften aus anderen Drittstaaten als aus einem Mitgliedstaat der Europäischen Union, einem Vertragsstaat des Europäischen Wirtschaftsraumes oder der Schweiz steht daher bei inhaltlicher Gleichwertigkeit der wissenschaftlichen Ausbildung mit der für Lehrkräfte an öffentlichen Schulen geforderten Ausbildung der Ersatzschulqualität nicht entgegen.

(17) Zu den elementaren Merkmalen des öffentlichen Schulwesens gehört, dass Lehrkräfte über die für den Unterricht notwendigen deutschen Sprachkenntnisse verfügen. Die Qualifizierung freier Schulen als Ersatzschulen setzt daher voraus, dass ihre Lehrkräfte gleichwertige Sprachkenntnisse haben wie Lehrkräfte öffentlicher Schulen.

(d) Schülerschaft

(18) Die deutsche Staatsangehörigkeit, die deutsche Muttersprache und der dauerhafte Wohnsitz von Kindern in Deutschland sind keine prägenden Merkmale des Bildungsganges öffentlicher Schulen in Bayern. Die öffentlichen Schulen stehen auch Kindern aus dem Ausland offen, deren Eltern als ausländische ArbeitnehmerInnen für eine begrenzte Zeit nach Deutschland kommen. Das ergibt sich aus Art. 35 bis 37 BayEUG, dem Bayerischen Integrationsgesetz und Art. 45 AEUV (Arbeitnehmerfreizügigkeit). (Auch) Private Ersatzschulen (Art. 7 Abs. 4 S. 2 GG) dürfen deshalb ganz oder überwiegend SchülerInnen nicht deutscher Herkunft mit vorübergehendem Wohnsitz in Deutschland aufnehmen. Dieses Recht folgt für Ersatzschulen zudem aus Art. 92 Abs. 5 S. 3 BayEUG („Ersatzschulen, die für Kinder nicht deutscher Staatsangehöriger bestimmt sind") sowie aus Art. 7 Abs. 4 S. 3 GG (arg. e. Sonderungsverbot).

4. Bundesverfassungskonforme Auslegung des Landesschulrechtes

(19) Art. 134 BV und Art. 90 ff. BayEUG sind im Lichte des Ersatzschulbegriffes des Art. 7 Abs. 4 S. 2 GG bundesverfassungskonform auszulegen.

III. Verfassungsrechtlicher Schulstatus der Internationalen Schulen in Bayern

1. Mittelschule und Oberschule

(20) Die Mittelschule und die Oberschule der Internationalen Schulen in Bayern (hier: Munich International School) sind nicht Ersatz für *staatliche Internationale Schulen*, weil der Freistaat Bayern keine öffentlichen Internationalen Schulen vorsieht oder betreibt.

(21) Die Mittel- und Oberschule der Internationalen Schulen in Bayern (hier: Munich International School) lassen sich als landesschulrechtlich vorgesehene *private Internationale Ersatzschulen* einordnen. Hierfür spricht Art. 92 Abs. 5 S. 3 BayEUG, wonach Ersatzschulen „für Kinder nicht deutscher Staatsangehöriger bestimmt" sein dürfen, was internationale Bildungsgänge und Abschlüsse impliziert. Eine landesrechtliche Regelung des Bildungsganges Middle Years Programme mit dem Abschluss MYP Certificate sowie des Bildungsganges Diploma Programme (DP) mit dem Abschluss International Baccalaureate Diploma lässt sich auch in dem Beschluss der KMK vom 08. 12. 2011 i. d. F. vom 24. 09. 2020 zum Middle Years Programme (MYP) sowie in dem Beschluss der KMK vom 10. 03. 1986 i. d. F. vom 07. 03. 2019 zum International Baccalaureate Diploma in Verbindung mit der Umsetzungspraxis des Freistaates Bayern (Zeugnisanerkennungsstelle) sehen.

(22) In jedem Fall sind die Mittel- und Oberschule der Internationalen Schulen in Bayern (hier: Munich International School) Ersatzschulen für im Land vorgesehene öffentliche Mittelschulen (Art. 7a BayEUG) und Gymnasien (Art. 9 BayEUG). Das von der Mittelschule angebotene und zum gleichnamigen Abschluss (MYP Certificate) führende Middle Years Programme der IBO ist dem an öffentlichen Mittelschulen angebotenen Bildungsgang, der zum mittleren Schulabschluss führt (s. Art. 7a Abs. 2, Abs. 4 3 S. 2 BayEUG), gleichwertig. Die Oberschule der Munich International School entspricht (Gleichwertigkeit) mit ihrem Diploma Programme (DP) der IBO, das zum International Baccalaureate Diploma führt, dem Bildungsgang öffentlicher Gymnasien in Bayern, die zum Abitur führen (s. Art. 9 BayEUG). Die Gleichwertigkeit der Bildungsgänge und Abschlüsse ergibt sich aus dem Beschluss der KMK vom 08. 12. 2011 i. d. F. vom 24. 09. 2020 zum Middle Years Programme (MYP) sowie aus dem Beschluss der KMK vom 10. 03. 1986 i. d. F. vom 07. 03. 2019 zum International Baccalaureate Diploma in Verbindung mit der Umsetzungspraxis der Zeugnisanerkennungsstelle in Bayern.

(23) Bereits wegen der Beschlüsse der KMK steht der Einordnung der Mittel- und Oberschule der Munich International School als Ersatzschulen für öffentliche Mittelschulen und Gymnasien nicht entgegen, dass sie grundsätzlich in englischer

Sprache unterrichten und überwiegend ausländische Lehrkräfte mit nicht deutscher Muttersprache beschäftigen.

(24) Der Einordnung der Oberschule der Munich International School als Ersatzschule für öffentliche Gymnasien steht deshalb auch nicht im Wege, dass die Dauer ihres Bildungsganges um ein Jahr von der Dauer des Bildungsganges öffentlicher Gymnasien abweicht.

2. Grundschule

(25) Die Grundschule der Munich International School ist Ersatzschule für im Land vorgesehene (Art. 7 BayEUG) öffentliche Grundschulen. Zwar existiert für internationale Grundschulen kein Beschluss der KMK, der die Gleichwertigkeit mit öffentlichen Grundschulen feststellt. Die Grundschule der Munich International School bietet aber mit dem IB Primary Years Programme (PYP) der IBO einen gleichwertigen Bildungsgang an wie öffentliche Grundschulen in Bayern. Der private und der öffentliche Grundschulbildungsgang entsprechen einander nicht nur in der Dauer (offenes Ganztagsangebot in den Jahrgangsstufen 1 bis 4), sondern auch hinsichtlich der zum Ende des Bildungsganges angestrebten Kenntnisse und Fähigkeiten. Die Bildungs- und Erziehungsinhalte des IB Primary Years Programme (PYP) sind denen öffentlicher Grundschulen gleichwertig.

(26) Dass die Grundschule der Munich International School andere (internationale) Lehrpläne und Stundentafeln verwendet als öffentliche Grundschulen, steht ihrer Ersatzschulqualität ebenso wenig entgegen wie der Einsatz abweichender Unterrichtsmethoden und pädagogischer Konzepte.

(27) Die Konfessionsunabhängigkeit des Unterrichts an der Grundschule der Munich International School kollidiert nicht mit Art. 7 Abs. 3 und 4 BayEUG, der für freie (Ersatz-)Schulen rechtlich nicht verbindlich ist.

(28) Die englische Unterrichtssprache an der Grundschule der Munich International School hindert ihre Einordnung als Ersatzschule nicht. Aus den Beschlüssen der KMK zu internationalen Mittel- und Oberschulen folgt, dass die englische Unterrichtssprache der Internationalen Schulen kein Hinderungsgrund für die Gleichwertigkeit mit öffentlichen Schulen und mithin für ihre Ersatzschulqualität ist. Zudem ergibt sich aus Art. 92 Abs. 5 S. 3 BayEUG, dass Ersatzschulen für Kinder nicht deutscher Staatsangehöriger eine nicht deutsche Unterrichtssprache verwenden dürfen. Englisch als Unterrichtssprache trägt außerdem bestmöglich zur Verwirklichung der Arbeitnehmerfreizügigkeit (Art. 45 AEUV) bei.

(29) Aus denselben Gründen steht der Ersatzschulqualität der Grundschule der Munich International School die Beschäftigung überwiegend ausländischer Lehrkräfte mit nicht deutscher Muttersprache nicht entgegen.

3. Erforderlichkeit einer staatlichen Anerkennung für Vergabe von Abschlüssen?

(30) Eine staatliche Anerkennung der Internationalen Schulen zur Vergabe von Zeugnissen und Abschlüssen ist weder rechtlich vorgesehen (s. Art. 100 BayEUG) noch verfassungsrechtlich zulässig. Die Internationalen Schulen in Bayern vergeben mit dem MYP Certificate und dem IB Diploma keine staatlichen Berechtigungen, sondern internationale Zeugnisse und Abschlüsse der IBO. Sie nehmen keine deutschen öffentlichen Berechtigungen wahr, die ihre Anerkennung durch den Freistaat Bayern legitimieren und erfordern könnten.

IV. Konsequenzen aus dem Ersatzschulstatus der Internationalen Schulen für die Genehmigung

1. Genehmigungsanspruch unter den Voraussetzungen des Art. 7 Abs. 4 S. 3 und 4 GG

(31) Die Ersatzschulen der Munich International School (Grund-, Mittel- und Oberschule) bedürfen der Genehmigung des Staates (Art. 7 Abs. 4 S. 2 GG). Unter den Voraussetzungen des Art. 7 Abs. 4 S. 3 und 4 GG (für die Grundschule gilt zusätzlich: Art. 7 Abs. 5 GG) besteht ein Rechtsanspruch auf Genehmigung.

(32) Die landesgesetzlichen Genehmigungsvorschriften der Art. 91 ff. BayEUG sind bundesverfassungskonform im Lichte des Art. 7 Abs. 4 S. 3 und 4 GG auszulegen und anzuwenden.

2. Sonderungsverbot für Ersatzschulen (Art. 7 Abs. 4 S. 3 GG)

a) Grundsätze

(33) Das Sonderungsverbot des Art. 7 Abs. 4 S. 3 GG verpflichtet Ersatzschulen, ihr Schulgeld so festzusetzen, dass es sich Eltern aller Besitzschichten leisten können. Es darf keinem Schüler und keiner Schülerin aus wirtschaftlichen Gründen verwehrt sein, eine Ersatzschule zu besuchen.

(34) Bei der Wahl des Schulgeldmodells steht den Ersatzschulen ein weiter Gestaltungsspielraum zu. Zulässig ist u. a. ein einheitliches Schulgeld, das auf Antrag von Eltern ermäßigt wird, und ein nach den Besitzverhältnissen der Eltern gestaffeltes Schulgeld. Vorgaben für das durchschnittliche Schulgeld einer Ersatzschule lassen sich Art. 7 Abs. 4 S. 3 GG nicht entnehmen. Das Sonderungsverbot ist nur gewahrt, wenn die Eltern das Schulgeld aus ihrem Einkommen nach Abzug der zu zahlenden Steuern und Sozialversicherungsbeiträge sowie des nach Art. 1 Abs. 1 i. V. m. Art. 20 Abs. 1 GG unverfügbaren Existenzminimums der Familienmitglieder zahlen können.

(35) Dem Sonderungsverbot unterfallen von den Ersatzschulen erhobene Entgelte für den (Pflichtschul-)Unterricht und Lernmittel (allgemeine Ansicht); sowie Entgelte für weitere schulische und nicht schulische Angebote, deren Inanspruchnahme mit dem Schulbesuch zwangsläufig verknüpft ist. Das Sonderungsverbot gilt nicht

für Kostenbeiträge, die Ersatzschulen für freiwillige nicht schulische Angebote erheben.

b) Konsequenzen für das Landesschulrecht

(36) Die landesschulrechtlichen Regelungen zum Sonderungsverbot (Art. 92 Abs. 2 Nr. 3 i. V. m. Art. 96 BayEUG) sind bundesverfassungskonform im Lichte des Art. 7 Abs. 4 S. 3 GG auszulegen.

(37) Die „Grundsätze zum Schulgeld für private Grund- und Mittel- (bzw. Haupt-) schulen vom 12.04.2016" der Bezirksregierung von Oberbayern sind mit dem Sonderungsverbot des Art. 7 Abs. 4 S. 3 GG mehrfach unvereinbar und daher unanwendbar.

V. Konsequenzen aus dem Ersatzschulstatus der Internationalen Schulen für die Finanzhilfe

(38) Der Freistaat Bayern ist gem. Art. 7 Abs. 4 GG i. V. m. Art. 28 ff. BaySchFG und der Verordnung zur Ausführung des Bayerischen Schulfinanzierungsgesetzes verpflichtet, als Ersatzschulen genehmigte Internationale Schulen durch Finanzhilfe zu fördern. Die Förderpflicht erstreckt sich auf sämtliche Jahrgangsstufen, für die eine Ersatzschulgenehmigung vorliegt. Der Munich International School steht unter den Voraussetzungen des Art. 7 Abs. 4 S. 3 und 4 GG ein Anspruch auf Genehmigung sämtlicher Jahrgangsstufen (1 bis 12) als Ersatzschule zu.

(39) Hinsichtlich der Finanzhilfehöhe darf sich der Freistaat grundsätzlich an den Kosten des öffentlichen Schulwesens orientieren. Auch müssen die Kosten der Internationalen Schulen nicht allein aus staatlichen Mitteln gedeckt werden, sondern nur gemeinsam mit Schulgeld und einem gewissen Eigenanteil der Schulen (Drei-Säulen-Modell). Gemeinsam müssen die drei Säulen Finanzhilfe, Schulgeld und Eigenleistung aber die gesamten Kosten der Internationalen Schulen decken, einschließlich der Kosten für ihr spezifisches Schulprofil bei wirtschaftlicher Betriebsführung.

Literaturverzeichnis

Avenarius, Hermann: Die Herausforderung des öffentlichen Schulwesens durch private Schulen. Aktuelle Rechtsfragen in einer angespannten Beziehung, in: Avenarius, Hermann – Pieroth, Bodo / Barczak, Tristan, Die Herausforderung des öffentlichen Schulwesens durch private Schulen – eine Kontroverse. Die Freien Schulen in der Standortkonkurrenz, Baden-Baden 2012, S. 9–69.

– Verfassungsrechtliche Grenzen der Expansion der Privatschulen, in: Ullrich, Heiner / Strunck, Susanne, Private Schulen in Deutschland. Entwicklungen – Profile – Kontroversen, Wiesbaden 2012, S. 143–163.

Avenarius, Hermann / *Hanschmann,* Felix: Schulrecht. Ein Handbuch für Praxis, Rechtsprechung und Wissenschaft, 9. Aufl., Köln 2019.

Bader, Hans-Jürgen: Die Freien Waldorfschulen, in: Arbeitsgemeinschaft Freier Schulen (Hrsg.), Handbuch Freie Schulen. Pädagogische Positionen, Träger, Schulformen und Schulen im Überblick, Reinbek bei Hamburg 1999, S. 153–164.

Badura, Peter: Artikel 7, in: Maunz, Theodor / Dürig, Günter (Hrsg.), Grundgesetz, Kommentar, Band II, München, Werkstand: 91. Ergänzungslieferung April 2020.

Brockmann, Jürgen: Ersatzschulen, in: Brockmann, Jürgen / Littmann, Klaus-Uwe / Schippmann, Thomas (Hrsg.), Niedersächsisches Schulgesetz (NSchG), Kommentar mit Ausführungsbestimmungen, Wiesbaden, 64. Ergänzungslieferung Oktober 2020, § 142.

Broosch, Malaika: Ganztagsschule und Grundgesetz. Das Verhältnis des Elternrechts zur staatlichen Schulaufsicht und seine Konsequenzen für die Verfassungsmäßigkeit einer Schulreform, Frankfurt a. M. 2007.

Brosius-Gersdorf, Frauke: Privatschulen zwischen Autonomie und staatlicher Aufsicht, Die Verwaltung 45 (2012), S. 389–428.

– Artikel 7, in: Dreier, Horst (Hrsg.), Grundgesetz, Kommentar, Band I, 3. Aufl., Tübingen 2013.

– Schulaufsicht des Staates über freie Schulen und Privatschulautonomie – ein Spannungsverhältnis, Recht & Bildung 1/2016, S. 2–16.

– Finanzhilfe für private Ersatzschulen. Zur Beschränkung der Finanzhilfe auf staatlich anerkannte Ersatzschulen und Ersatzschulen von besonderer pädagogischer Bedeutung, DÖV 2017, S. 881–890.

– Verfassungsrechtlicher Status der Ersatzschulen in Sachsen-Anhalt sowie Konsequenzen für die Genehmigungs- und Finanzierungspraxis, RdJB 2017, S. 351–371.

– Das Sonderungsverbot für private Ersatzschulen (Art. 7 Abs. 4 Satz 3 Halbsatz 2 GG). Inhalt und Dimensionen des Sonderungsverbots sowie Konsequenzen für die Schülerauswahl und das Schulgeld der Ersatzschulen und für die Finanzhilfe der Länder, Berlin 2018.

– Das Sonderungsverbot für Ersatzschulen, NVwZ 2018, S. 761–769.

Brosius-Gersdorf, Frauke / *Krafczyk,* Martin: Akzessorietät des Ersatzschulwesens zum öffentlichen Schulwesen am Beispiel der Genehmigung und Finanzhilfe für private G9-Schulen, RdJB 2019, S. 385–412.

Bumke, Christian: Die Ganztagsschule, NVwZ 2005, S. 519–523.

Cremer, Wolfram: Die Gründungs- und Betätigungsfreiheit von Ersatzschulen im Kontext ihrer verfassungsfundierten sozialstaatlichen Imprägnierung, Recht & Bildung 1/2019, S. 3–17.

Eisinger, Bernd / *Warndorf,* Peter K. / *Falterbaum,* Johannes / *Feldt,* Jochen: Grenzen der Belastbarkeit privater Haushalte mit Schulgeld vor dem Hintergrund des Sonderungsverbotes nach Art. 7 GG. Eine Untersuchung für das Land Baden-Württemberg, Norderstedt 2007.

Geis, Max-Emanuel: Artikel 7, in: Friauf, Karl Heinrich / Höfling, Wolfram (Hrsg.), Berliner Kommentar zum Grundgesetz, Band I, Berlin 2020.

– Artikel 134, in: Meder, Theodor / Brechmann, Winfried: Die Verfassung des Freistaates Bayern, Kommentar, 6. Aufl., München 2020.

Guckelberger, Annette: Verfassungsrechtliche Probleme einer allgemeinen Kindergartenpflicht, RdJB 2012, S. 5–20.

Hardorp, Detlef: Die Mär von den konsolidierten Schulgeldhöhen. Zu Michael Wrase und Marcel Helbig: „Das missachtete Verfassungsgebot – Wie das Sonderungsverbot nach Art. 7 IV 3 GG unterlaufen wird" (NVwZ 22/2016, 1591 ff.), Recht & Bildung 1/2017, S. 5–20.

Heckel, Hans: Deutsches Privatschulrecht, Berlin / Köln 1955.

Heinig, Hans Michael / *Vogel,* Viola: Private Ersatzschulen unter dem Eindruck knapper öffentlicher Kassen, LKV 2012, S. 337–343.

van den Hövel, Werner: Erfüllung der Schulpflicht an internationalen und ausländischen Ergänzungsschulen, RdJB 2007, S. 330–333.

Hofmann, Hans: Artikel 7, in: Schmidt-Bleibtreu, Bruno / Hofmann, Hans / Henneke, Hans-Günter (Hrsg.), Kommentar zum Grundgesetz, 14. Aufl., Köln 2018.

Hufen, Friedhelm: Verfassungsrechtliche Grenzen der Unterfinanzierung von Schulen in freier Trägerschaft. Vom individuellen Grundrechtsschutz zum „Schutz der Institution Ersatzschulwesen", in: Hufen, Friedhelm / Vogel, Johann Peter (Hrsg.), Keine Zukunftsperspektiven für Schulen in freier Trägerschaft?, Rechtsprechung und Realität im Schutzbereich eines bedrohten Grundrechts, Berlin 2006, S. 49–93.

Jach, Frank-Rüdiger: Die Rechtsstellung der Schulen in freier Trägerschaft vor dem Hintergrund der neueren Rechtsprechung zu Art. 7 Abs. 4 und 5 GG, DÖV 2002, S. 969–977.

– Das Recht der Bildung und Erziehung in freier Trägerschaft (Grundriss), in: Vogel, Johann Peter / Knudsen, Holger (Hrsg.), Bildung und Erziehung in freier Trägerschaft. Das Recht der Privatschulen, Kindergärten und Heime, Kommentar, Band I, Neuwied / Darmstadt, Werkstand: 228. Ergänzungslieferung Oktober 2020, Kapitel 20.

Jarass, Hans. D. / *Pieroth,* Bodo: Grundgesetz, Kommentar, 16. Aufl., München 2020.

Jestaedt, Matthias: Schule und außerschulische Erziehung, in: Isensee, Josef / Kirchhof, Paul (Hrsg.), Handbuch des Staatsrechts der Bundesrepublik Deutschland, Band VII, 3. Aufl., Heidelberg 2009, § 156.

Keller, Johanna / *Krampen,* Ingo / *Surwehme,* Anja: Schulstatus und Schularten in freier Trägerschaft, in: Keller, Johanna / Krampen, Ingo (Hrsg.), Das Recht der Schulen in freier Trägerschaft, Handbuch für Praxis und Wissenschaft, Baden-Baden 2014, Kapitel 4.

Kersten, Jens: Segregation in der Schule, DÖV 2007, S. 50–58.

Kluth, Winfried: Internationale und ausländische Schulen im deutschen Schulrechtssystem – eine Analyse aus der Sicht des Verfassungsrechts, RdJB 2018, S. 222–233.

Kösling, Arletta-Marie: Verfassungsrechtliche Probleme von Ergänzungsschulen, RdJB 2004, S. 208–221.

– Die private Schule gemäß Art. 7 Abs. 4, 5 GG. Eine Untersuchung zu den Ersatzschulen und Ergänzungsschulen unter besonderer Berücksichtigung eines verfassungsrechtlich determinierten Schulbegriffes im Sinne des Art. 7 GG, Baden-Baden 2005.

Kümper, Boas: Verfassungsrechtliche Aspekte der Anerkennung von Privatschulen: freiheitsrechtliche und institutionelle Dimensionen, DÖV 2015, S. 864–874.

– Die Akzessorietät der privaten Ersatzschule zwischen Bundesverfassungsrecht und Landesrecht, VerwArch 107 (2016), S. 120–142.

Kultusministerkonferenz: Vereinbarung über die Anerkennung des „International Baccalaureate Diploma / Diplôme du Baccalauréat International". Beschluss der Kultusministerkonferenz vom 10. 03. 1986 i. d. F. vom 07. 03. 2019 (abrufbar unter: https://www.kmk.org/fileadmin/Dateien/veroeffentlichungen_beschluesse/1986/1986_03_10-Vereinbarung-Baccalaureate-Dipl.pdf).

– Vereinbarung über die Anerkennung des „Middle Years Programme". Beschluss der Kultusministerkonferenz vom 08. 12. 2011 i. d. F. vom 24. 09. 2020 (abrufbar unter: https://www.kmk.org/fileadmin/Dateien/veroeffentlichungen_beschluesse/2011/2011_12_08-MYP.pdf).

Loschelder, Wolfgang: Schulische Grundrechte und Privatschulfreiheit, in: Merten, Detlef / Papier, Hans-Jürgen (Hrsg.), Handbuch der Grundrechte in Deutschland und Europa, Band IV/1, Heidelberg 2011, § 110.

Möstl, Markus: Artikel 134, in: Lindner, Josef Franz / Möstl, Markus / Wolff, Heinrich Amadeus, Verfassung des Freistaates Bayern, 2. Aufl., München 2017.

Müller, Friedrich: Das Recht der Freien Schule nach dem Grundgesetz, 2. Aufl., Berlin 1982.

Müller, Judith: Schulische Eigenverantwortung und staatliche Aufsicht. Eine Untersuchung der Möglichkeiten und Grenzen schulischer Eigenverantwortung unter Geltung des Grundgesetzes, Baden-Baden 2006.

Ogorek, Markus: Der Schutz anerkannter Ersatzschulen durch das Grundrecht der Privatschulfreiheit, DÖV 2010, S. 341–349.

Oppermann, Thomas: Kulturverwaltungsrecht. Bildung – Wissenschaft – Kunst, Tübingen 1969.

Pieroth, Bodo: Tatsächliche Kosten als zusätzliche Begrenzung der Finanzhilfe für Schulen in freier Trägerschaft?, in: Geis, Max-Emanuel / Winkler, Markus / Bickenbach, Christian (Hrsg.), Von der Kultur der Verfassung, Festschrift für Hufen, München 2015, S. 381–392.

Pieroth, Bodo / *Barczak,* Tristan: Die Freien Schulen in der Standortkonkurrenz. Die Verfassungswidrigkeit der Versagung der Genehmigung von privaten Ersatzschulen bei Bestandsgefährdung von öffentlichen Schulen, in: Avenarius, Hermann – Pieroth, Bodo / Barczak, Tristan, Die Herausforderung des öffentlichen Schulwesens durch private Schulen – eine Kontroverse. Die Freien Schulen in der Standortkonkurrenz, Baden-Baden 2012, S. 71–164.

von Pollern, Hans-Ingo: Finanzielle Förderung der Privatschulen in Baden-Württemberg und Sonderungsverbot, DÖV 2011, S. 680–685.

Poscher, Ralf / *Neupert,* Michael: Die Rechtsstellung ausländischer und internationaler Schulen unter dem Grundgesetz – Verfassungsrechtliche Anforderungen an die Internationalisierung des Privatschulangebots, RdJB 2005, S. 244–254.

Reich, Andreas: Magdeburger Kommentar zum Grundgesetz, Bad Honnef 1998.

Rennert, Klaus: Entwicklungen in der Rechtsprechung zum Schulrecht, DVBl. 2001, S. 504–516.

Robbers, Gerhard: Artikel 7, in: v. Mangoldt, Hermann / Klein, Friedrich / Starck, Christian (Hrsg.), Kommentar zum Grundgesetz, Band I, 7. Aufl., München 2018.

Rürup, Matthias: Innovationswege im deutschen Bildungssystem. Die Verbreitung der Idee „Schulautonomie“ im Ländervergleich, Wiesbaden 2007.

Rux, Johannes: Die Schulpflicht und der Bildungs- und Erziehungsanspruch des Staates, RdJB 2002, S. 423–434.

– Schulrecht, 6. Aufl., München 2018.

Sachs, Michael: Kein grundgesetzliches Sonderungsverbot für Ersatzschulen, NWVBl. 2018, S. 441–447.

Schmahl, Stefanie: Die Ganztagsschule im Spannungsfeld von elterlichem Erziehungsrecht, staatlichem Bildungsauftrag und Kindeswohl, DÖV 2006, S. 885–892.

Steinmeyer, Heinz-Dietrich: Familienangehörige der Arbeitnehmer, in: Franzen, Martin / Gallner, Inken / Oetker, Hartmut, Kommentar zum europäischen Arbeitsrecht, 3. Aufl., München 2020, VO 492/2011/EU Art. 10.

Sterling, R. Whitney: Eine lokale Globalisierung: Das internationale Schulangebot in und um Berlin, RdJB 2009, S. 372–379.

Stern, Klaus: Das Staatsrecht der Bundesrepublik Deutschland, Band IV/2: Die einzelnen Grundrechte, München 2011.

Sydow, Gernot / *Dietzel,* Jennifer: Schulen in freier Trägerschaft zwischen pädagogischer Eigenprägung und Kompatibilität mit staatlichen Bildungszielen, RdJB 2014, S. 239–247.

Tettinger, Peter J.: Zukunftssicherung durch Bildung der Kinder, NWVBl. 2005, S. 332–334.

Theuersbacher, Paul: Die neueste Rechtsprechung des Bundesverfassungsgerichts zur Privatschulfinanzierung, RdJB 1994, S. 497–505.

Uhle, Arnd: Artikel 7, in: Epping, Volker / Hillgruber, Christian (Hrsg.), BeckOK Grundgesetz, 42. Edition, Stand: 15.08.2020.

Ulrich, Karl-Heinz: Anerkannte Ergänzungsschulen, in: Galas, Dieter / Krömer, Friedrich-Wilhelm / Nolte, Gerald / Ulrich, Karl-Heinz: Niedersächsisches Schulgesetz, 10. Aufl., Köln 2018, § 161.

Vogel, Johann Peter: Die rechtliche Stellung der Internationalen Schulen in der Bundesrepublik Deutschland, Bildung und Erziehung 44 (1991), S. 351–360.

– Ersatz- und Ergänzungsschule – Revisionsbedürftige Begriffe des Rechts der Schulen in freier Trägerschaft –, DÖV 1992, S. 505–513.

– Zur Genehmigung von Ersatzschulen – Bemerkungen zur aktuellen Literatur, Rechtsprechung und Gesetzgebung –, DÖV 2008, S. 895–905.

– Missachtung des Sonderungsverbots nach Art. 7 (4) Satz 3 GG?, Recht & Bildung 1/2017, S. 2–5.

– Die Sonderung der Schüler nach Art. 7 (4) Satz 3 GG – Fortsetzung, Recht & Bildung 4/2017, S. 2–4.

Weiß, Manfred: Allgemeinbildende Privatschulen in Deutschland. Bereicherung oder Gefährdung des öffentlichen Schulwesens?, Berlin 2011.

Wißmann, Hinnerk: Artikel 7, in: Kahl, Wolfgang / Waldhoff, Christian / Walter, Christian (Hrsg.), Bonner Kommentar zum Grundgesetz, Band IV, Heidelberg, Werkstand: 208. Aktualisierungslieferung Oktober 2020.

Wrase, Michael / *Helbig,* Marcel: Das missachtete Verfassungsgebot – Wie das Sonderungsverbot nach Art. 7 IV 3 GG unterlaufen wird, NVwZ 2016, S. 1591–1598.

Sachwortverzeichnis